500만 독자가 선택한

가장 쉬운
독학 일본어 첫걸음
14,000원

가장 쉬운
독학 중국어 첫걸음
14,000원

가장 쉬운
독학 베트남어 첫걸음
15,000원

가장 쉬운
독학 스페인어 첫걸음
15,000원

가장 쉬운
독학 프랑스어 첫걸음
16,500원

가장 쉬운
독학 태국어 첫걸음
16,500원

가장 쉬운
프랑스어 첫걸음의 모든 것
17,000원

가장 쉬운
독일어 첫걸음의 모든 것
18,000원

가장 쉬운
스페인어 첫걸음의 모든 것
14,500원

첫걸음 베스트 1위!

가장 쉬운 러시아어
첫걸음의 모든 것
16,000원

가장 쉬운 이탈리아어
첫걸음의 모든 것
17,500원

가장 쉬운 포르투갈어
첫걸음의 모든 것
18,000원

버전업! 가장 쉬운
베트남어 첫걸음
16,000원

가장 쉬운 터키어
첫걸음의 모든 것
16,500원

버전업! 가장 쉬운
아랍어 첫걸음
18,500원

가장 쉬운 인도네시아어
첫걸음의 모든 것
18,500원

버전업! 가장 쉬운
태국어 첫걸음
16,800원

가장 쉬운 영어
첫걸음의 모든 것
16,500원

버전업! 굿모닝
독학 일본어 첫걸음
14,500원

가장 쉬운 중국어
첫걸음의 모든 것
14,500원

가장 쉬운 독학 중국어 첫걸음

가장 쉬운 독학 일본어 첫걸음

오늘부터는 팟캐스트로 공부하자!

팟캐스트 무료 음성 강의

▶▶1
iOS 사용자

Podcast 앱에서
'동양북스' 검색

▶▶2
안드로이드 사용자

플레이스토어에서 '팟빵' 등
팟캐스트 앱 다운로드,
다운받은 앱에서
'동양북스' 검색

▶▶3
PC에서

팟빵(www.podbbang.com)에서
'동양북스' 검색
애플 iTunes 프로그램에서
'동양북스' 검색

◉ **현재 서비스 중인 강의 목록** (팟캐스트 강의는 수시로 업데이트 됩니다.)

- 가장 쉬운 독학 일본어 첫걸음
- 페이의 적재적소 중국어
- 가장 쉬운 독학 중국어 첫걸음
- 중국어 한글로 시작해
- 가장 쉬운 독학 베트남어 첫걸음

| 일본어뱅크 |

문화로
배우는

좋아요
일본어
독해 STEP 2

오미선·양정순·니시구치 와카·니시노 에리코 저

동양북스

| 일본어뱅크 |

문화로 배우는 좋아요 일본어 독해 STEP 2

초판 인쇄 | 2020년 1월 20일
초판 발행 | 2020년 1월 30일

지은이 | 오미선, 양정순, 니시구치 와카, 니시노 에리코
발행인 | 김태웅
편집장 | 강석기
책임편집 | 길혜진
일러스트 | 임은정
디자인 | 정혜미, 남은혜
마케팅 | 나재승
제　작 | 현대순

발행처 | (주)동양북스
등　록 | 제 2014-000055호(2014년 2월 7일)
주　소 | 서울시 마포구 동교로22길 14 (04030)
구입문의 | 전화 (02)337-1737　팩스 (02)334-6624
내용문의 | 전화 (02)337-1762　dybooks2@gmail.com

ISBN　979-11-5768-579-0　14730
　　　　979-11-5768-568-4　(세트)

이 도서의 국립중앙도서관 출판예정도서목록(CIP)은 서지정보유통지원시스템 홈페이지(http://seoji.nl.go.kr)와
국가자료공동목록시스템(http://www.nl.go.kr/kolisnet)에서 이용하실 수 있습니다.
(CIP제어번호:CIP2019052986)

　새로운 언어를 효율적으로 배운다는 것은 쉬운 일이 아닙니다. 특히 일본어와 같이 모어인 한국어와 비슷해 보이는 언어를 배울 때는 더욱 그렇습니다. 시작을 하면 금방 말이 나올 것 같은 분위기인데 막상 시간이 흐를수록 그러한 생각은 자취를 감추고 점점 어렵게만 느껴져 당장이라도 포기해야 할 것 같은 생각이 듭니다. 이러한 상황은 단계별로 도움이 되는 좋은 길잡이 교재를 선택하면 상당 부분 해결할 수 있다고 생각합니다.

　우리 주위에는 초급, 중급 등 수 많은 일본어 교재들이 널려 있습니다. 그러나 초급 교재들은 너무 쉽고 중급 교재들은 너무 어려워서 초급을 끝내도 중급으로 진행하는 것은 쉬워 보이지 않습니다. 초급은 단문 수준의 간단한 회화가 전부였는데 중급은 갑자기 담화나 복잡한 문장이 등장하기 때문입니다.

　이 책은 그러한 초급과 중급의 단절을 실제 회화나 문장에서 활용할 수 있는 표현으로의 연결을 목표로, 일본어 교육 현장에서 다년간 학생들을 가르친 일본어학 전공자들이 직접 경험하며 정리한 문형이 문장 형태로 정리되어 있습니다. 기초일본어에서 등장하는 문법·문형 순서를 중심으로 본문은 실제 장면에서의 활용도를 높이기 위해 일본문화를 키워드로 설명하는 문장형식으로 되어 있습니다.

　각 단원은 본문의 주제와 주요 문법·문형을 제시한 '들어가기', 일본문화를 키워드로 설명한 '기본 학습 어휘 & 본문'과 '심화 학습 어휘 & 본문', 본문에 나온 주요 문법·문형이 정리된 '포인트 정리', 학습한 내용을 확인하는 '연습문제', 그리고 본문의 주제를 응용해 실제 장면에 적용시켜 보는 '활동하기'로 구성되어 있습니다.

　이 책은 STEP1, 2로 연계 구성되어 있으며, STEP2에 앞서 STEP1의 선수 학습을 권장합니다. 아무쪼록 이 책의 특징을 잘 활용하여 일본어 문장에도 강한 일본어 학습자가 될 수 있기를 기대합니다.

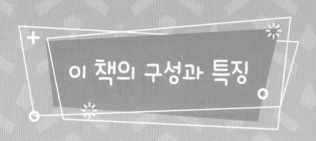

이 책의 구성과 특징

▨ 들어가기

각 과의 본문 주제를 제목을 통해 제시하고,
본문에서 다루게 될 주요 문법을 한눈에 알기
쉽게 정리하였습니다.

▨ 기본 학습 어휘 & 본문

'기본 학습 어휘'에서는 '기본 학습 본문'
에 나오는 새로운 어휘를 확인합니다.
'기본 학습 본문'에서는 일본의 실생활,
문화, 정보 등을 알기 쉬운 내용으로 서
술하였으며, 독해문을 통해 일본어 문법
과 문형 학습뿐만 아니라 일본의 사정
등을 자연스럽게 습득할 수 있도록 하였
습니다.

▨ 심화 학습 어휘 & 본문

'심화 학습 어휘'에서는 '심화 학습 본문'
에 나오는 새로운 어휘를 확인합니다.
'심화 학습 본문'에서는 '기본 학습 본문'
의 주제에서 한층 더 심도 있는 내용을
담아 일본에서 벌어지는 다양한 상황을
여러 각도에서 접할 수 있도록 하였습
니다.

📖 포인트 정리

본문에 나온 주요 문법과 문형을 알기 쉬운 설명과 예문을 통해 학습할 수 있도록 하였습니다. 본문의 문장을 이용한 예문은 본문의 내용을 다시 한번 문법과 연결시켜 학습할 수 있도록 하였고, 본문의 문장을 응용한 예문은 문법 사항을 여러 상황에 맞춰 자유자재로 사용할 수 있도록 하였습니다.

■ 하나 더 알고 지나가기

포인트 정리의 내용 중 보충 학습이 필요한 부분을 따로 정리하여 깊이 있는 일본어 학습을 할 수 있도록 도모하였습니다.

📖 연습문제

각 과에서 학습한 내용을 다양한 문제를 통해 종합적으로 학습할 수 있도록 하였습니다. 독해를 통해 학습한 어휘와 문법, 작문 등의 실력을 확인할 수 있습니다.

📖 활동하기

'활동하기'는 각 과의 주제를 바탕으로 함께 활동해 보는 공간입니다. 각 과에서 학습한 내용을 자신의 상황 등과 연결하여 자유롭게 활동해 봅시다.

STEP1 주요 표현 (복습합시다)

표현	의미	예문	P
〜です (名・イ形・ナ形)	〜입니다	私は学生です。	14
〜でした (名)	〜(이)었습니다	母は会社員でした。	14
〜では(じゃ)ない (名)	〜이/가 아니다	私は医者ではない。	15
〜ではありません (名)	〜이/가 아닙니다	私は教師ではありません。	15
〜ではありませんでした (名)	〜이/가 아니었습니다	祖母は教師ではありませんでした。	15
〜がいます・あります	〜이/가 있습니다	犬がいます。 本があります。	38
〜くない (イ形) 〜ではない (ナ形)	〜(하)지 않다	空が青くない。 空がきれいではない。	50
〜くありません (イ形) 〜ではありません (ナ形)	〜(하)지 않습니다	大きくありません。 きれいではありません。	50
〜く・くて (イ形) 〜で (名・ナ形)	〜(하)고/(이)고 (연결)	安くておいしいです。 賑やかで有名です。	51
〜かった (イ形) 〜だった (名・ナ形)	〜(이)었다	人が多かった。 この町は静かだった。	62
〜かったです (イ形) 〜でした (ナ形)	〜(이)었습니다	寒かったです。 色合いが地味でした。	62
〜より〜方が	〜보다 〜쪽이	トラよりゾウの方が大きい。	63
〜くなる (イ形) 〜になる (名・ナ形)	〜이/가 되다	大きくなる。 大学生になる。 有名になる。	76
〜ない	〜(하)지 않다	私は映画館へ行かないです。	89

표현	의미	예문	P
~ないで	~(하)지 않고	電車に乗らないで、車で行きました。	90
~ます	~합니다	電車に乗ります。	75
~たい	~(하)고 싶다	浴衣が買いたいです。	88
~ながら	~(하)면서	順番を待ちながら自撮りをします。	117
~に行く ~に来る	~(하)러 가다 ~(하)러 오다	乗りに行きます。 遊びに来ます。	103
~ことができる	~할 수 있다	イタリア語を話すことができます。	130
~し	~(하)고/(이)고	パスタも茹でたし、ソースも作りました。	130
~て	~(해)서/~(하)고	力士はまわしをしめて、土俵にあがります。	103
~てから	~(하)고 나서	卒業してから名門大学に進学しました。	104
~ている	~(하)고 있다, ~아/어 있다	子どもが絵を描いています。	116
~てある	~아/어(여) 있다	自転車が並べてありました。	116
~てもいい	~(해)도 좋다/된다	行ってもいいです。	142
~てはいけない	~(해)서는 안 된다	行ってはいけません。	143
~なくてもいい	~(하)지 않아도 된다	行かなくてもいいです。	142
~なければならない	~(하)지 않으면 안 된다	出入り口を確保しなければなりません。	144
~た	~다 (과거·완료)	地元のチームを応援した。	103
~たり~たりする	~(하)거나 ~(하)거나 하다	押したり、引いたりします。	104
~たことがある	~한 적이 있다	私はレストランで働いたことがあります。	130
~(よ)うと思う	~(하)려고 하다	合格できるようにがんばろうと思います。	156

花見・花火

<small>はな み</small> <small>はな び</small>

기본 학습 어휘

□ 沖縄 おきなわ (지명)

□ おじさん 아저씨

□ 川沿い かわぞ 강가

□ 季節 きせつ 계절

□ 下旬 げじゅん 하순

□ 今年 ことし 올해

□ 桜 さくら 벚꽃

□ 桜前線 さくらぜんせん 벚꽃 전선

□ 上旬 じょうじゅん 상순

□ 姿 すがた 모양, 모습

□ 花見 はなみ 꽃구경

□ 一目 ひとめ 한눈

□ 弁当 べんとう 도시락

□ 北海道 ほっかいどう 홋카이도 (지명)

□ 周り まわ 주위, 주변

□ やきそば 야키소바, (일본식) 볶음면

□ 屋台 やたい 포장마차

□ 来年 らいねん 내년

□ うらやましい 부럽다

□ 色々だ いろいろ 다양하다

□ 見事だ みごと 멋지다, 훌륭하다

□ あちらこちら 여기저기

□ ちょうど 마침, 때맞춰

□ ついさっき 조금 전

□ 売る う 팔다

□ 咲き始める さ はじ (꽃 등이) 피어나다, 피기 시작하다

□ 楽しむ たの 즐기다, 좋아하다

□ 着く つ 도착하다

□ 広げる ひろ 펴다, 펼치다, 벌리다

□ カップル 커플

□ デート 데이트

□ 気にする き 걱정하다, 마음에 두다

□ ～にかけて ～에 걸쳐

□ ～にのって ～을/를 타고

12

Track 1-01

日本の桜の季節は３月下旬から５月上旬までです。沖縄から北海道にかけて、桜前線にのって桜が咲き始めます。人々は桜の木の下で休んだり弁当を食べたりします。今日は友達と花見に来ました。私達はついさっきここに着いたところです。隣にいる人達もちょうどお弁当を広げて食べているところでした。ここは川沿いの桜が見事で、これを一目見ようと花見に来る人も多いです。周りの屋台では色々な食べ物を売っています。目の前では屋台のおじさんがやきそばを作るところで、ちょうど私達もお腹が空いたので、一つ注文しました。あちらこちらでカップルの姿も見えます。周りの目も気にしないでデートを楽しむカップルが、少しうらやましかったです。今年は友達と花見に来ましたが、来年は私もカップルで来ようと思います。

심화 학습 어휘

□ 音 소리
_{おと}

□ 各地 각지
_{かくち}

□ 感動的 감동적
_{かんどうてき}

□ 規模 규모
_{きぼ}

□ 興味 흥미
_{きょうみ}

□ 頃 때, 무렵, 시절
_{ころ}

□ 全国 전국
_{ぜんこく}

□ 空 하늘, 공중
_{そら}

□ 大会 대회
_{たいかい}

□ 違い 차이
_{ちが}

□ 中旬 중순
_{ちゅうじゅん}

□ 夏祭り 여름 축제
_{なつまつ}

□ 迫力 박력
_{はくりょく}

□ 場所取り 자리 잡기
_{ばしょと}

□ 花火 불꽃
_{はなび}

□ 花火大会 불꽃놀이/축제
_{はなびたいかい}

□ 光 빛
_{ひかり}

□ 昼 낮
_{ひる}

□ 間近 아주 가까움
_{まぢか}

□ 夜 밤
_{よる}

□ 一緒に 함께
_{いっしょ}

□ 急に 갑자기
_{きゅう}

....

□ 上がる 오르다, 올라가다
_あ

□ 遊ぶ 놀다
_{あそ}

□ 行われる 행해지다
_{おこな}
⇨ 수동표현 : 9과에서

□ 驚く 놀라다
_{おどろ}

□ 眺める 바라보다, 전망하다
_{なが}

□ 始まる 시작되다
_{はじ}

□ 走り回る 뛰어 돌아다니다
_{はし} _{まわ}

□ 降り注ぐ 쏟아지다
_ふ _{そそ}

....

□ イベント 이벤트

□ シャワー 샤워

□ ステージ 스테이지, 무대

□ ダンス 댄스, 춤

□ テレビ 텔레비전

□ 思ったより 생각보다
_{おも}

□ 欠かせない 빼놓을 수 없다
_か

□ 比べものにならない 비교가 안 되다
_{くら}

□ ～によって ～에 의해, ～에 따라

□ ～めぐりをする (구경하러) 돌아다니다

Track 1-02

　７月中旬から８月下旬まで各地で夏祭りがあります。夏祭りに欠かせないのは花火です。祭りの規模などによって違いはありますが、昼は色々なイベントがあり、夜には花火大会が始まります。イベントのステージでは、今からダンス大会が始まるところです。私達はダンスには興味がないので、花火を見るために場所取りをしているところです。花火の音は思ったより大きいです。子供の頃にも家族と一緒に来たことがありますが、走り回って遊んでいたところで急に花火が上がって、その大きな音に驚いたことがあります。遠くから眺める花火もきれいですが、間近で見る花火は、テレビや写真で見るものとは、比べものにならないぐらい迫力があります。空から降り注ぐ光のシャワーは、とても感動的です。花火大会は、全国各地で行われているので、来年は花火大会めぐりをしようと思います。

포인트 정리

~ところ (지금부터) ~하려는/던 참

▶ **기본형에 접속**

동작 직전의 단계를 설명하는 표현이다.

今^{いま}からダンス大会^{たいかい}が始^{はじ}まる**ところ**です。 지금부터 댄스대회가 시작되려는 참입니다.

目^めの前^{まえ}では屋台^{やたい}のおじさんがやきそばを作^{つく}る**ところ**です。
눈앞에서는 포장마차의 아저씨가 야키소바를 만들려는 참입니다.

~ているところ 지금 ~하고 있는 중

▶ **ている 표현에 접속**

동작이 진행 중인 단계를 설명하는 표현이다.

私達^{わたしたち}は花火^{はなび}を見^みるために場所取^{ばしょと}りをし**ているところ**です。
우리들은 불꽃놀이를 보기 위해서 자리를 잡고 있는 중입니다.

隣^{となり}にいる人達^{ひとたち}もちょうどお弁当^{べんとう}を広^{ひろ}げて食^たべ**ているところ**です。
옆에 있는 사람들도 마침 도시락을 펼쳐서 먹고 있는 중입니다.

~たところ 이제 막 ~(함)

▶ **た형에 접속**

동작이 끝난 직후의 단계를 설명하는 표현이다. 비슷한 표현으로「~たばかり」가 있다.

間近^{まぢか}で花火^{はなび}が上^あがっ**たところ**です。 가까이에서 이제 막 불꽃이 솟아올랐습니다.

私達^{わたしたち}はついさっきここに着^つい**たところ**です。 우리들은 방금 막 여기에 도착했습니다.

연습문제

1 다음의 단어를 히라가나로 쓰세요.

① 全国 （　　　　　　　）　② 季節　　（　　　　　　　　　）

③ 花火 （　　　　　　　）　④ 下旬　　（　　　　　　　　　）

⑤ 一緒 （　　　　　　　）　⑥ 規模　　（　　　　　　　　　）

⑦ 各地 （　　　　　　　）　⑧ 川沿い　（　　　　　　　　　）

⑨ 弁当 （　　　　　　　）　⑩ 降り注ぐ（　　　　　　　　　）

2 다음의 한자에 알맞은 단어를 연결하세요.

① 姿　　　•　　　　　　　• Ⓐ みごと

② 興味　　•　　　　　　　• Ⓑ まぢか

③ 上旬　　•　　　　　　　• Ⓒ すがた

④ 来年　　•　　　　　　　• Ⓓ やたい

⑤ 見事　　•　　　　　　　• Ⓔ らいねん

⑥ 屋台　　•　　　　　　　• Ⓕ きょうみ

⑦ 間近　　•　　　　　　　• Ⓖ かんどうてき

⑧ 北海道　•　　　　　　　• Ⓗ じょうじゅん

⑨ 桜前線　•　　　　　　　• Ⓘ ほっかいどう

⑩ 感動的　•　　　　　　　• Ⓙ さくらぜんせん

3 보기 안에서 알맞은 표현을 골라 (　　) 안에 넣으세요.

　　　が　　　から　　　に　　　によって　　　まで　　　より

① 花火の音は思った (　　　　　　) 大きいです。

② 祭りの規模など (　　　　　　) 違いはあります。

③ 桜前線 (　　　　　) のって桜が咲き始めます。

④ 花見は3月下旬 (　　　　　) 5月上旬 (　　　　　　) です。

⑤ 子供の頃にも家族と一緒に来たこと (　　　　　　) あります。

4 다음 제시된 표를 완성하고 그 차이를 생각해 보세요.

		～ところです	～ているところです	～たところです
보기	乗る ➡	乗るところです	乗っているところです	乗ったところです
①	飲む ➡			
②	読む ➡			
③	作る ➡			
④	売る ➡			
⑤	見る ➡			
⑥	書く ➡			
⑦	遊ぶ ➡			
⑧	泳ぐ ➡			
⑨	走る ➡			
⑩	食べる ➡			

5 다음 표현을 보기와 같이 알맞게 고치세요.

			ない	ます	て	～時 (とき)	～(よ)うと思う (おも)
보기	起きる (お)	➡	起きない (お)	起きます (お)	起きて (お)	起きる時 (お)(とき)	起きようと思う (お)(おも)
①	歌う (うた)	➡					
②	行く (い)	➡					
③	立つ (た)	➡					
④	売る (う)	➡					
⑤	する	➡					
⑥	買う (か)	➡					
⑦	呼ぶ (よ)	➡					
⑧	休む (やす)	➡					
⑨	見る (み)	➡					
⑩	飲む (の)	➡					
⑪	会う (あ)	➡					
⑫	話す (はな)	➡					
⑬	乗る (の)	➡					
⑭	来る (く)	➡					
⑮	作る (つく)	➡					
⑯	言う (い)	➡					
⑰	泳ぐ (およ)	➡					
⑱	読む (よ)	➡					
⑲	走る (はし)	➡					
⑳	食べる (た)	➡					

6 다음을 일본어로 작문하세요.

① 비교가 안 될 정도로 박력이 있습니다.

    ➡ _____

② 우리들은 방금 막 여기에 도착했습니다.

    ➡ _____

③ 내년은 불꽃놀이 순례를 하려고 합니다.

    ➡ _____

④ 하늘에서 쏟아지는 빛의 샤워는 매우 감동적입니다.

    ➡ _____

⑤ 포장마차의 아저씨가 야키소바를 만들려는 참입니다.

    ➡ _____

1 꽃구경에 대한 이야기를 바탕으로 회화를 만들어 보세요.

2 일본의 마쓰리(祭り)에 대해 조사하고 발표해 보세요.

日本の擬声語・擬態語

기본 학습 어휘

- □ 牛 소
- □ 音 소리
- □ 救急車 구급차
- □ 玄関チャイム 현관 벨
- □ 小銭 잔돈
- □ 泣き声 우는 소리
- □ 鶏 닭
- □ 拍手 박수
- □ 表現 표현
- □ 豚 돼지
- □ 様子 모습
- □ 笑い声 웃는 소리

- □ 騒がしい 시끄럽다, 떠들썩하다

- □ たくさん 많음, 충분함

- □ 表す 나타내다
- □ 言い表す 말로 나타내다
- □ 話す 이야기하다
- □ 分ける 나누다

- □ エーンエーン 앙앙 (아이가 우는 소리)
- □ オイオイ 엉엉 (크게 우는 소리)
- □ ガヤガヤ 왁자지껄 (여러 사람이 떠드는 소리)
- □ クスクス 킥킥, 낄낄 (웃는 소리)
- □ ケラケラ 깔깔 (크게 웃는 모양/소리)
- □ コケコッコー 꼬끼오 (닭이 우는 소리)
- □ コソコソ 살금살금, 소곤소곤 (몰래 하는 모양)
- □ チャラチャラ 짤랑짤랑 (동전이 부딪치는 소리)
- □ ニャーニャー 야옹야옹 (고양이가 우는 소리)
- □ パチパチ 짝짝 (손뼉을 치는 소리)
- □ ピーポーピーポー 삐뽀삐뽀 (구급차 사이렌 소리)
- □ ヒソヒソ 소곤소곤 (속삭이는 모양)
- □ ピンポーン 딩동 (초인종 소리)
- □ ブーブー 꿀꿀 (돼지가 우는 소리)
- □ モーモー 음메 (소가 우는 소리)
- □ ワイワイ 와글와글, 왁자지껄, (목 놓아) 엉엉
- □ ワンワン 멍멍 (개가 짖는 소리)

- □ ～として ～(으)로서
- □ ～に関する ～에 관한

Track 2-01

日本語には音に関する表現がたくさんあります。大きく分けると、「物の音や様子などを表す表現」と、「動物や人の声などを表す表現」に分けることができます。「物の音を表す表現」の中には救急車の音をピーポーピーポー、拍手の音をパチパチ、玄関チャイムの音をピンポーン、小銭の音をチャラチャラなどがあります。「動物や人の声などを表す音」としては牛はモーモー、犬はワンワン、猫はニャーニャー、鶏はコケコッコー、豚はブーブーなどがあります。人の声としてはエーンエーンやオイオイなどの泣き声、ケラケラやクスクスなどの笑い声などがあります。騒がしい時はワイワイやガヤガヤ、小さな声で話す時はヒソヒソやコソコソなどと言い表すことができます。このように物の音や様子などを表す表現を擬態語と言い、動物や人の声などを表す表現を擬声語と言います。

심화 학습 어휘

- □ **心** 마음
  <ruby>こころ</ruby>
- □ **状況** 상황
  <ruby>じょうきょう</ruby>
- □ **状態** 상태
  <ruby>じょうたい</ruby>
- □ **象徴的** 상징적
  <ruby>しょうちょうてき</ruby>
- □ **食事** 식사
  <ruby>しょくじ</ruby>
- □ **対象** 대상
  <ruby>たいしょう</ruby>
- □ **内面** 내면
  <ruby>ないめん</ruby>
- □ **方法** 방법
  <ruby>ほうほう</ruby>
- □ **～ほか** 다른 것, 딴 것
- □ **様態** 양태
  <ruby>ようたい</ruby>

- □ **多様な** 다양한
  <ruby>たよう</ruby>

- □ **例えば** 예를 들면
  <ruby>たと</ruby>

- □ **異なる** 다르다
  <ruby>こと</ruby>
- □ **使い分ける** 구분하여 사용하다
  <ruby>つか わ</ruby>

- □ **イライラ** 안달복달하는(초조한) 모양, 짜증난 모양

- □ **カチカチ** 딱딱, 재깍재깍
- □ **ガブガブ** 꿀꺽꿀꺽, 벌떡벌떡 (액체를 마시는 모양/소리)
- □ **キラキラ** 반짝반짝 (빛나는 모양)
- □ **クヨクヨ** 끙끙 (사소한 일을 걱정하는 모양)
- □ **ゴワゴワ** 뻣뻣한 모양
- □ **スベスベ** 매끈매끈 (표면이 매끄러운 모양)
- □ **ソワソワ** (안절부절못하여) 침착하지 못한 모양
- □ **ドキドキ** 두근두근, 울렁울렁 (심장이 고동치는 모양)
- □ **パクパク** 덥석덥석 (게걸스럽게 먹는 모양)
- □ **ピカピカ** 반짝반짝 (광택이 나는 모양)
- □ **ヒヤヒヤ** 조마조마한 모양
- □ **フワフワ** 폭신폭신 (부드러운 모양)
- □ **モリモリ** 와작와작 (왕성하게 먹는 모양)
- □ **ワクワク** 두근두근 (설레는 모양)

- □ **口に入る** 입에 들어가다
  <ruby>くち はい</ruby>
- □ **実際に** 실제로
  <ruby>じっさい</ruby>

Track 2-02

音を表す表現のほか、音が出ないものを象徴的に表す表現もあります。例えば「物の様子」、「人の様態」、「心の状態」を表すものなどを例にあげることができます。物の様子を表す表現にはカチカチ、フワフワ、ゴワゴワ、スベスベなどがあります。光に関する表現にはキラキラ、ピカピカなどがあります。光る対象によって使い分けなければならないので注意が必要です。人の様態の中で、食事の様子を表す表現としてモリモリ、パクパク、ガブガブなどがあります。これらは食べる様子や口に入る物などによって、表現方法が異なります。心の状態を表すものとしては、ワクワク、クヨクヨ、イライラ、ヒヤヒヤ、ソワソワ、ドキドキなど多様な表現があります。実際に音が聞こえるわけではありませんが、心の内面を表現することができ、心の状態や状況によって使い分けます。

포인트 정리

〜のほか 〜외에

物の音を表す表現のほか、物の様子を表す表現もあります。
사물의 소리를 나타내는 표현 외에, 사물의 모습을 나타내는 표현도 있습니다.

音を表す表現のほか、音が出ないものを象徴的に表す表現もあります。
소리를 나타내는 표현 외에, 소리가 나지 않는 것을 상징적으로 나타내는 표현도 있습니다.

〜わけではない 〜한 것은 아니다

▶ 연체형에 접속

寿司が嫌いなわけではないんです。 초밥을 싫어하는 것은 아닙니다.

実際に音が聞こえるわけではありません。 실제로 소리가 들리는 것은 아닙니다.

〜に関する 〜에 관한

日本語には音に関する表現がたくさんあります。
일본어에는 소리에 관한 표현이 많이 있습니다.

光に関する表現にはキラキラ、ピカピカなどがあります。
빛에 관한 표현에는 반짝반짝, 번쩍번쩍 등이 있습니다.

하나 더 알고 지나가기

	단어	의미
동물의 소리	カアカア	까마귀가 우는 소리
	ガアガア	오리 종류의 새가 우는 소리
	ケロケロ	개구리가 우는 소리
	チュンチュン	참새가 우는 소리
	ピヨピヨ	병아리가 우는 소리
	メーメー	양이나 염소가 우는 소리
사람의 동작	ウトウト	꾸벅꾸벅 조는 모양
	ウロウロ	목적 없이 방황하는 모양
	ゴロゴロ	아무 일도 하지 않고 빈둥거리는 모양
	ヨチヨチ	아이가 걷는 모양
사람의 마음	ガッカリ	실망·낙담하는 모양
	ウットリ	아름다움에 넋을 잃고 있는 모양
	ウキウキ	기분이 고양된 모양
	スッキリ	산뜻한 모양
사물의 소리	クルクル	연속적으로 경쾌하게 도는 모양
	スルスル	부드럽게 미끄러지는 모양
	チョロチョロ	적은 양의 물이 흐르는 모양
	ハラハラ	가벼운 것이 흩어지며 떨어지는 모양
사물의 상태와 성질	クシャクシャ	종이나 천 등이 구겨진 모양
	ツルツル	매끄러운 모양
	フワフワ	가볍게 뜨거나 또는 움직이는 모양
	ボロボロ	물건이나 옷 등이 낡고 해진 모양
자연현상	カラリ	맑게 개거나 건조한 모양
	シトシト	비가 조용히 내리는 모양
	ジメジメ	습기나 수분이 많은 모양
	ポカポカ	따뜻하게 느끼는 모양

연습문제

1 다음의 단어를 히라가나로 쓰세요.

① 鶏　　（　　　　　　）　② 内面　　（　　　　　　　　）

③ 多様　（　　　　　　）　④ 小銭　　（　　　　　　　　）

⑤ 笑い声（　　　　　　）　⑥ 象徴的　（　　　　　　　　）

⑦ 例えば（　　　　　　）　⑧ 騒がしい（　　　　　　　　）

⑨ 異なる（　　　　　　）　⑩ 言い表す（　　　　　　　　）

2 다음의 한자에 알맞은 단어를 연결하세요.

① 音　　・　　　　　　　　・ Ⓐ ぶた

② 豚　　・　　　　　　　　・ Ⓑ おと

③ 様態　・　　　　　　　　・ Ⓒ ようす

④ 実際　・　　　　　　　　・ Ⓓ げんかん

⑤ 拍手　・　　　　　　　　・ Ⓔ じっさい

⑥ 様子　・　　　　　　　　・ Ⓕ ようたい

⑦ 玄関　・　　　　　　　　・ Ⓖ はくしゅ

⑧ 状態　・　　　　　　　　・ Ⓗ ひょうげん

⑨ 表現　・　　　　　　　　・ Ⓘ じょうたい

⑩ 救急車・　　　　　　　　・ Ⓙ きゅうきゅうしゃ

3 제시되는 대상과 그 대상과 관련 있는 모습을 연결하세요.

① 物の様子　　　・

② 心の状態　　　・

③ 食事の様子　　・

④ 騒がしい時　　・

⑤ 光に関する表現・

・Ⓐ カチカチ

・Ⓑ キラキラ

・Ⓒ ドキドキ

・Ⓓ モリモリ

・Ⓔ ワイワイ

4 다음의 한자에 알맞은 소리를 연결하세요.

① 牛　　　・

② 犬　　　・

③ 豚　　　・

④ 猫　　　・

⑤ 鶏　　　・

⑥ 拍手　　・

⑦ 小銭　　・

⑧ 救急車　・

⑨ 泣き声　・

⑩ 笑い声　・

・Ⓐ ケラケラ

・Ⓑ パチパチ

・Ⓒ ブーブー

・Ⓓ モーモー

・Ⓔ ワンワン

・Ⓕ エーンエーン

・Ⓖ コケコッコー

・Ⓗ ニャーニャー

・Ⓘ チャラチャラ

・Ⓙ ピーポーピーポー

5 다음을 일본어로 작문하세요.

① 소리에 관한 표현이 많이 있습니다.

➡ _____

② 실제로 소리가 들리는 것은 아닙니다.

➡ _____

③ 마음 상태나 상황에 따라 구분해서 사용합니다.

➡ _____

④ 입에 들어가는 것 등에 따라 표현 방법이 다릅니다.

➡ _____

⑤ 소리가 나지 않는 것을 상징적으로 나타내는 표현도 있습니다.

➡ _____

1 '하나 더 알고 지나가기'의 '동물의 소리' 표현을 이용해 본문과 같이 문장을 만들어 보세요.

2 '하나 더 알고 지나가기'의 '자연현상' 표현을 이용해 본문과 같이 문장을 만들어 보세요.

日本の ことわざ・慣用句

① 속담

② 관용구

기본 학습 어휘

□ 一部分 일부분
□ 親 부모
□ 壁 벽
□ 体 몸, 신체
□ 教訓 교훈
□ 結局 결국
□ 言葉 말, 언어
□ ことわざ 속담
□ 障子 장지
□ 例え 예
□ 知識 지식
□ 幅 폭
□ 秘密 비밀

□ 目つき 눈매

□ 平凡だ 평범하다

□ たとえ 설령, 가령, 비록

□ 生む 낳다
□ 関わる 관련되다, 연루되다
□ 隠す 숨기다, 감추다
□ 失敗する 실패하다
□ すぐれる 뛰어나다
□ 伝わる 전해지다, 전달되다

□ できる 생기다, 할 수 있다
□ 似る 닮다
□ 広げる 넓히다
□ 含む 품다, 포함하다
□ 用いる 이용하다
□ 漏れる 새다, 누설하다

□ タカ 매
□ トビ 솔개

□ 時には 때로는
□ ～やすい ～하기 쉽다
□ ～ように ～처럼/듯이
　⇨ ようだ : 5과에서

□ 蛙の子は蛙 개구리 자식은 개구리 (부전자전, 그 아비에 그 아들)
□ 壁に耳あり、障子に目あり 벽에 귀 있고 장지문에 눈 있다 (낮말은 새가 듣고 밤말은 쥐가 듣는다)
□ 猿も木から落ちる 원숭이도 나무에서 떨어진다
□ トビがタカを生む 솔개가 매를 낳다 (개천에서 용 난다)
□ 目は口ほどにものを言う 눈은 입만큼 말을 한다

Track 3-01

　ことわざとは長い時間をかけてできた言葉で、教訓や知識などを含んでいるものが多いです。その中には動物を用いた表現もたくさんあります。「猿も木から落ちる」は「どんなにすぐれた人でも、時には失敗することがある」という例えです。「トビがタカを生む」は「平凡な親がすぐれた子を生む」の例えですが、「蛙の子は蛙」は「結局子は親に似るものだ」という例えです。動物に関わる表現だけではなく、体の一部分を用いた表現もあります。「壁に耳あり、障子に目あり」とは「たとえうまく隠したとしても秘密は漏れやすいものである」という例えです。「目は口ほどにものを言う」とは「たとえ言葉を話さなくても目つきで相手に伝わる」ということを表します。このように、ことわざの意味や教訓を理解し実際に使うことで、日本語の表現の幅を広げることができます。

심화 학습 어휘

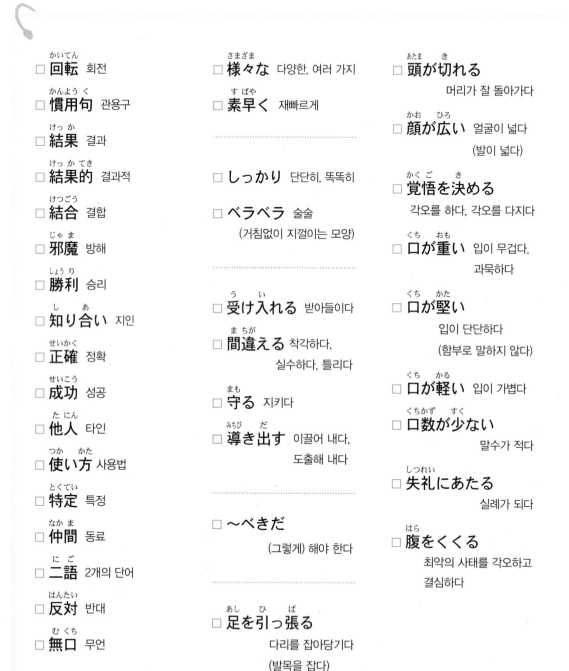

□ 回転 (かいてん) 회전

□ 慣用句 (かんようく) 관용구

□ 結果 (けっか) 결과

□ 結果的 (けっかてき) 결과적

□ 結合 (けつごう) 결합

□ 邪魔 (じゃま) 방해

□ 勝利 (しょうり) 승리

□ 知り合い (しあい) 지인

□ 正確 (せいかく) 정확

□ 成功 (せいこう) 성공

□ 他人 (たにん) 타인

□ 使い方 (つかかた) 사용법

□ 特定 (とくてい) 특정

□ 仲間 (なかま) 동료

□ 二語 (にご) 2개의 단어

□ 反対 (はんたい) 반대

□ 無口 (むくち) 무언

□ 様々な (さまざま) 다양한, 여러 가지

□ 素早く (すばや) 재빠르게

□ しっかり 단단히, 똑똑히

□ ベラベラ 술술
(거침없이 지껄이는 모양)

□ 受け入れる (うい) 받아들이다

□ 間違える (まちが) 착각하다,
실수하다, 틀리다

□ 守る (まも) 지키다

□ 導き出す (みちび だ) 이끌어 내다.
도출해 내다

□ ～べきだ
(그렇게) 해야 한다

□ 足を引っ張る (あし ひ ば)
다리를 잡아당기다
(발목을 잡다)

□ 頭が切れる (あたま き)
머리가 잘 돌아가다

□ 顔が広い (かお ひろ) 얼굴이 넓다
(발이 넓다)

□ 覚悟を決める (かくご き)
각오를 하다, 각오를 다지다

□ 口が重い (くち おも) 입이 무겁다,
과묵하다

□ 口が堅い (くち かた)
입이 단단하다
(함부로 말하지 않다)

□ 口が軽い (くち かる) 입이 가볍다

□ 口数が少ない (くちかず すく)
말수가 적다

□ 失礼にあたる (しつれい)
실례가 되다

□ 腹をくくる (はら)
최악의 사태를 각오하고
결심하다

Track 3-02

　二語以上の言葉が結合して、ある特定の意味を表すものを慣用句と言います。慣用句は体の一部分を用いた表現が多いです。例えば、知り合いが多い人のことを「顔が広い」という表現を使って表します。他にも「頭が切れる」は頭の回転が速く、素早く正確に答えを導き出せる時に使います。「腹をくくる」はたとえどんな結果になっても受け入れる覚悟を決めるという意味です。「足を引っ張る」は仲間の成功や勝利などの邪魔をしたり、その気がなくても結果的に邪魔になったりする時に使います。また、必要ないことや他人の秘密までベラベラと話してしまう人のことを「口が軽い」と言います。「口が重い」という表現もありますが、これは口数が少なかったり、無口である時に使う表現です。「口が軽い」の反対の意味を持つ表現としては、「口が堅い」があります。これは秘密をしっかり守れる人のことを言います。このように、慣用句には様々な表現がありますが、使い方を間違えると失礼にあたることがあるので、意味を良く理解したうえで、注意して使うべきです。

포인트 정리

～てしまう ～해 버리다

▷ **て형에 접속**

言ってはいけないことを言ってしまった。
말해서는 안 되는 것을 말해 버렸다.

必要ないことや他人の秘密までベラベラと話してしまう。
필요 없는 것이나 타인의 비밀까지 술술 말해 버리다.

～ものだ ～하는 법이다, ～하기 마련이다

▷ **연체형에 접속**

'～하는 것이 일반적이다'라는 의미를 나타낸다.

子は親に似るものだ。
아이는 부모를 닮는 법이다.

秘密は漏れやすいものである。
비밀은 누설되기 쉬운 법이다.

いくら(どんなに) ～ても 아무리 ～(어)아도

「腹をくくる」はたとえどんな結果になっても受け入れる覚悟を決めるという
意味です。 '배를 조여 매다'는 설령 어떤 결과가 되어도 받아들일 각오를 한다는 의미입니다.

〜たうえで 〜한 후에, 〜한 뒤에, 〜한 다음에

▶ た형에 접속

意味を良く理解<ruby>した<rt></rt></ruby>うえで、注意して使うべきです。
의미를 잘 이해한 후에, 주의해서 사용해야 합니다.

〜べきだ 〜해야 한다

품사	접속 방법	활용 예
동사	기본형 + べきだ	行く → 行くべきだ
イ형용사	「い」를 없애고「くあるべきだ」를 접속	楽しい → 楽しくあるべきだ
ナ형용사	「だ」를 없애고「であるべきだ」를 접속	静かだ → 静かであるべきだ
명사	명사 + であるべきだ	学生 → 勤勉な学生であるべきだ

*「する」의 경우 「すべき」로 사용하기도 한다.

もっと勉強するべきです。 더욱 공부를 해야 합니다.

約束はきちんと果たすべきだ。 약속은 제대로 지켜야 한다.

하나 더 알고 지나가기

	속담	의미
ねこ 猫	ねこ て か 猫の手も借りたい	고양이 손이라도 빌리고 싶을 정도로 매우 바쁘다
いぬ 犬	いぬ ある ぼう あ 犬も歩けば棒に当たる	주제넘게 굴면 봉변을 당한다 나돌아 다니면 뜻하지 않은 행운을 만난다
たか	いちふじ にたか さんなすび 一富士、二鷹、三茄子	꿈에 보면 재수가 좋다는 후지산·매·가지를 차례로 열거한 속담
ブタ	しんじゅ ブタに真珠	돼지에게 진주 (아무리 귀중한 것이라도 가치는 모르는 사람에게는 소용없음을 뜻함)
いし 石	いし うえ さんねん 石の上にも三年	참고 견디면 복이 온다
つき 月	つき 月とすっぽん	천양지차
あたま 頭	あたまかく しりかく 頭隠して尻隠さず	결점의 일부만 감추고 다 감춘 것으로 여기는 어리석음에 대한 비유
かお 顔	ほとけ かお さんど 仏の顔も三度	아무리 착한 사람이라도 여러 차례 당하면 화를 낸다
みみ 耳	ね みみ みず 寝耳に水	아닌 밤중에 홍두깨

	관용구	의미
あし 足	あし あら 足を洗う	나쁜 일에서 손을 떼다
あたま 頭	あたま かた 頭が固い	융통성이 없다, 완고하다
うで 腕	うで 腕をふるう	솜씨를 발휘하다
かお 顔	かお ひ で 顔から火が出る	창피해서 얼굴이 빨개지다
かた 肩	かた に お 肩の荷が下りる	책임이나 부담이 없어져 편해지다, 어깨가 가벼워지다
くち 口	くち すべ 口が滑る	(해서는 안 될 말을) 까딱 잘못 말하다/지껄이다
くび 首	くび なが 首を長くする	몹시 기다리는 모양, 목 빠지게 기다리다
のど 喉	のど て で 喉から手が出る	몹시 갖고 싶어 하다
はな 鼻	はな たか 鼻が高い	콧대가 높다, 우쭐하다
はら 腹	はら くろ 腹が黒い	뱃속이 검다, 엉큼하다
みみ 耳	みみ 耳にたこができる	귀에 못이 박이다
め 目	め な 目が無い	매우 좋아하다

연습문제

1 다음의 단어를 히라가나로 쓰세요.

① 蛙　　（　　　　　　）　　② 仲間　　　（　　　　　　　　）

③ 無口　（　　　　　　）　　④ 口数　　　（　　　　　　　　）

⑤ 慣用句（　　　　　　）　　⑥ 知り合い（　　　　　　　　）

⑦ 素早く（　　　　　　）　　⑧ 引っ張る（　　　　　　　　）

⑨ 漏れる（　　　　　　）　　⑩ 導き出す（　　　　　　　　）

2 다음의 한자에 알맞은 단어를 연결하세요.

① 教訓　　・　　　　　　　・ Ⓐ かくご

② 知識　　・　　　　　　　・ Ⓑ ひみつ

③ 平凡　　・　　　　　　　・ Ⓒ ちしき

④ 結合　　・　　　　　　　・ Ⓓ じゃま

⑤ 勝利　　・　　　　　　　・ Ⓔ しょうじ

⑥ 障子　　・　　　　　　　・ Ⓕ しょうり

⑦ 秘密　　・　　　　　　　・ Ⓖ けつごう

⑧ 回転　　・　　　　　　　・ Ⓗ かいてん

⑨ 邪魔　　・　　　　　　　・ Ⓘ へいぼん

⑩ 覚悟　　・　　　　　　　・ Ⓙ きょうくん

연습문제

3 보기 안에서 알맞은 표현을 골라 ( ) 안에 넣으세요.

> **보기**
>
> 重い　　軽い　　堅い　　引っ張る　　広い

① 口が（　　　　　）　⇨　口数が少ない

② 顔が（　　　　　）　⇨　知り合いが多い

③ 口が（　　　　　）　⇨　秘密をしっかり守れる

④ 足を（　　　　　）　⇨　結果的に邪魔になったりする

⑤ 口が（　　　　　）　⇨　他人の秘密までベラベラと話してしまう

4 제시된 표현에 해당하는 속담의 뜻을 올바르게 연결하세요.

① 蛙の子は蛙　　　　　　　　　•　　　•　Ⓐ 개천에서 용 난다

② トビがタカを生む　　　　　　•　　　•　Ⓑ 원숭이도 나무에서 떨어진다

③ 猿も木から落ちる　　　　　　•　　　•　Ⓒ 부전자전, 그 아비에 그 아들

④ 目は口ほどにものを言う　•　　　•　Ⓓ 낮말은 새가 듣고 밤말은 쥐가 듣는다

⑤ 壁に耳あり、障子に目あり •　　　•　Ⓔ 눈은 입만큼 말을 한다

5 다음 표현을 보기와 같이 알맞게 고치세요.

		～たうえで	～てしまう	～べきだ
보기	話す	話したうえで	話してしまう	話すべきだ
①	来る			
②	行く			
③	見る			
④	守る			
⑤	する			
⑥	買う			
⑦	呼ぶ			
⑧	休む			
⑨	書く			
⑩	飲む			

6 다음 표현을 보기와 같이 알맞게 고치세요.

		いくら(どんなに)～ても～ない
보기	食べる・太る	いくら食べても太らない
①	安い・買う	
②	寒い・暖房をつける	
③	静かだ・集中できる	
④	待つ・来る	
⑤	早く走る・間に合う	

⑥	考(かんが)える・結論(けつろん)が出(で)る	➡	
⑦	読(よ)む・意味(いみ)が分(わ)かる	➡	
⑧	給料(きゅうりょう)が上(あ)がる・足(た)りる	➡	
⑨	寝(ね)る・疲(つか)れが取(と)れる	➡	
⑩	勉強(べんきょう)する・成績(せいせき)が上(あ)がる	➡	

7 다음을 일본어로 작문하세요.

① 속담이란 긴 시간에 걸쳐 생긴 말입니다.

➡ _____

② '비밀은 누설되기 쉬운 법이다'라는 예입니다.

➡ _____

③ 의미를 잘 이해한 후에 주의해서 사용해야 합니다.

➡ _____

④ 아무리 뛰어난 사람이라도 때로는 실패하는 경우가 있습니다.

➡ _____

⑤ 머리 회전이 빠르고, 재빠르고 정확하게 답을 도출해 낼 수 있습니다.

➡ _____

1 동물이 나오는 속담에 대해 더 조사해 보세요.

2 신체가 이용되어 표현된 관용구에 대해 더 조사해 보세요.

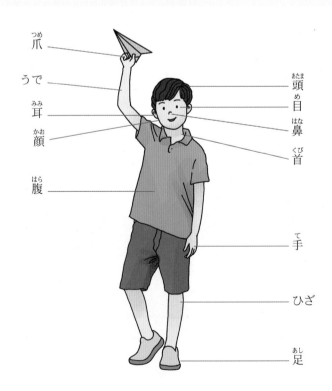

つめ
爪

うで

みみ
耳

かお
顔

はら
腹

あたま
頭

め
目

はな
鼻

くび
首

て
手

ひざ

あし
足

神社
じんじゃ

기본 학습 어휘

□ **安全** (あんぜん) 안전

□ **運気** (うんき) 운, 운수

□ **大晦日** (おおみそか) 섣달그믐날

□ **お参り** (まい) 참배(함)

□ **お宮参り** (みやまい) 신사 참배

□ **神** (かみ) 신

□ **祈願** (きがん) 기원

□ **吉** (きち) 길

□ **凶** (きょう) 흉

□ **共存** (きょうぞん) 공존

□ **結婚式** (けっこんしき) 결혼식

□ **合格** (ごうかく) 합격

□ **困難** (こんなん) 곤란, 어려움

□ **七五三** (しちごさん) 시치고산

□ **出産** (しゅっさん) 출산

□ **庶民** (しょみん) 서민

□ **神社** (じんじゃ) 신사

□ **新年** (しんねん) 신년

□ **成人式** (せいじんしき) 성인식

□ **成長** (せいちょう) 성장

□ **存在** (そんざい) 존재

□ **大吉** (だいきち) 대길

□ **直面** (ちょくめん) 직면

□ **悩み** (なや) 고민, 걱정

□ **縄** (なわ) 줄, 새끼줄

□ **初詣** (はつもうで) 정월의 첫 참배

□ **節目** (ふしめ) 고비, 전환기, 구획

□ **平安** (へいあん) 평안

□ **昔** (むかし) 옛날

....

□ **祈る** (いの) 기원하다

□ **行う** (おこな) (일을) 하다, 행하다

□ **変わる** (か) 바뀌다

□ **馴染む** (なじ) 친숙해지다, 정들다, 어울리다

□ **結ぶ** (むす) 매다, 묶다

....

□ **おみくじを引く** (ひ) (점괘를 보는) 제비를 뽑다

□ **ワラにもすがる** 지푸라기라도 잡다

50

Track 4-01

昔から神社は庶民の生活に馴染んできました。現在も神社で結婚式を行ったり、合格や出産や安全などの祈願をしたりします。お宮参り、七五三、成人式といった成長の節目にも神社にお参りに行きます。新年には、一年間の平安を祈るために、神社に行って初詣をします。神の存在を信じていないながらもお参りには行ってくるという人も多いです。大晦日から神社に行く人もいます。人々は一年を運気良く過ごせるかどうか確認するため、神社でおみくじを引いてみたりします。おみくじは大きく分けて大吉・吉・凶などがありますが、引いたおみくじが凶の時は、凶が吉に変わるように縄におみくじを結んでおきます。また、困難に直面した時に神社に行く人もいます。神社に行くことで、悩みが解決するわけではないとわかっていながらも、ワラにもすがる思いで神社に行きます。このように、神社はこれからも人々と共存していくと思います。

□ 入_いり口_{ぐち} 입구

□ 縁_{えん} 인연

□ おじぎ 인사

□ お供_{そな}え 제물, 공물

□ 金額_{きんがく} 금액

□ 米_{こめ} 쌀

□ 賽銭_{さいせん} 새전, 신불에 참배하여 올리는 돈

□ 賽銭箱_{さいせんばこ} 새전함

□ 作法_{さほう} 작법, 예법

□ 準備_{じゅんび} 준비

□ 信仰_{しんこう} 신앙

□ 手水舎_{ちょうずや} (「てみずや」라고도 읽음) 신사의 참배자가 깨끗이 씻도록 물을 받아 둔 곳

□ 遠縁_{とおえん} 먼 혈연

□ 独特_{どくとく} 독특

□ 鳥居_{とりい} 신사(神社) 입구에 세운 기둥 문

□ 願_{ねが}い 소원

□ 拝殿_{はいでん} 배전 (배례하기 위하여 본전 앞에 지은 건물)

□ 豊作_{ほうさく} 풍작

□ 餅_{もち} 떡

□ 健_{すこ}やかだ 튼튼하다, 건강하다

□ お供_{そな}えする 바치다

□ 叶_{かな}う (소망, 소원 등이) 이루어지다

□ 清_{きよ}める 깨끗이 하다

□ 込_こめる 담다, 속에 넣다

□ すすぐ 씻다, 헹구다

□ 通_{とお}る 통하다

□ 投_なげ入_いれる 던져 넣다

□ 宿_{やど}る 머물다, 살다

□ 二拝二拍手一拝_{にはいにはくしゅいちはい} 두 번 절하고 두 번 손뼉을 치고 한 번 절함

Track 4-02

　神社は日本独特の信仰であり、神が宿る所でもあります。神社の入り口には鳥居という赤い門があります。鳥居を通って行くと手水舎があります。お参りする前にここで手を洗い、口をすすぎ、身も心も清めます。拝殿の前には賽銭箱があって、お金を投げ入れてお参りをします。金額はご縁がありますようにと五円玉を入れることが多いです(反対に十円は遠縁となり、ご縁が遠くなるためやめるべきだと言われます)。お賽銭は金額が重要ではないとわかっていながらも、願いが叶うようにとたくさん入れたりもします。お参りの作法は二拝二拍手一拝と言って、まず深いおじぎを二回、その次に拍手を二回した後、願いを込めて心の中で祈り、最後にもう一度深いおじぎを一回します。一年の豊作のため、米やお餅をお供えして行く人もいます。赤ちゃんの健やかな成長を願うため、お金やお供えを準備して来る人もいます。叶うかどうかわからない願いでも、お参りをしてみることで気持ちが軽くなるとも言われています。

포인트 정리

～てみる ～해 보다

▷ て형에 접속

おみくじを引いてみたりします。

제비(점괘)를 뽑아 보기도 합니다.

お参りをしてみることで気持ちが軽くなるとも言われています。

참배해 보는 것으로 마음이 가벼워진다고도 합니다.

～ておく ～해 두다, ～해 놓다

▷ て형에 접속

縄におみくじを結んでおきます。

새끼줄에 제비(점괘)를 묶어 둡니다.

お参りをする前に手を洗い、身も心も清めておきます。

참배하기 전에 손을 씻고, 몸도 마음도 깨끗하게 해 둡니다.

～てくる ～해 오다

▷ て형에 접속

「てくる」의 용법에는 「くる」 본래 성질을 갖고 있는 용법과 동사 본래의 의미가 없어져 '방향, 계속, 변화'를 나타내는 용법이 있다.

お参りには行ってくるという人も多いです。

참배에는 다녀온다는 사람도 많습니다.

昔から神社は庶民の生活に馴染んできました。

옛날부터 신사는 서민 생활에 어우러져 왔습니다.

～ていく ～해 가다

▷ て형에 접속

「ていく」의 용법에는 「いく」 본래 성질을 갖고 있는 용법과 동사 본래의 의미가 없어져 '방향, 계속, 변화'를 나타내는 용법이 있다.

鳥居を通って行くと手水舎があります。 도리이를 지나서 가면 조즈야가 있습니다.

神社はこれからも人々と共存していくと思います。
신사는 앞으로도 사람들과 공존해 갈 것이라고 생각합니다.

～といった ～(라)고 하는, ～와 같은

お宮参りや七五三、成人式といった、成長の節目にも神社にお参りに行きます。
(생애 첫) 신사 참배나 시치고산, 성인식과 같은 성장의 전환기에도 신사에 참배하러 갑니다.

～かどうか ～인지 어떨지/아닌지

▷ 동사 · イ형용사의 기본형에 접속　　▷ 명사 · ナ형용사의 어간에 접속

願いが叶うかどうかわからない。 소원이 이루어질지 어떨지 모른다.

人々は神社で一年を運気良く過ごせるかどうか確認してみます。
사람들은 신사에서 한 해를 운 좋게 보낼 수 있을지 어떨지 확인해 봅니다.

～ように ～(하)게, ～(하)도록

▷ 기본형에 접속

「～ように祈る · 願う」는 '～(하)게, ～(하)도록 하다'와 같이 기원을 나타낸다. 「祈る · 願う」가 생략된 형태로 사용되기도 한다.

凶が吉に変わるようにお願いします。 흉이 길로 바뀌도록 기원합니다.

ご縁がありますようにと五円玉を入れることが多いです。
인연(고엔)이 있도록 5엔(고엔)짜리 동전을 넣는 경우가 많습니다.

연습문제

1 다음의 단어를 히라가나로 쓰세요.

① 神社　（　　　　　　　　）　② 庶民　（　　　　　　　　　）

③ 節目　（　　　　　　　　）　④ 平安　（　　　　　　　　　）

⑤ 困難　（　　　　　　　　）　⑥ 出産　（　　　　　　　　　）

⑦ 信仰　（　　　　　　　　）　⑧ 遠縁　（　　　　　　　　　）

⑨ 宿る　（　　　　　　　　）　⑩ 馴染む（　　　　　　　　　）

2 다음의 한자에 알맞은 단어를 연결하세요.

① 合格　　　•　　　　　　　　　•　Ⓐ とりい

② 鳥居　　　•　　　　　　　　　•　Ⓑ ごうかく

③ 初詣　　　•　　　　　　　　　•　Ⓒ あんぜん

④ 拝殿　　　•　　　　　　　　　•　Ⓓ だいきち

⑤ 大吉　　　•　　　　　　　　　•　Ⓔ さいせん

⑥ 安全　　　•　　　　　　　　　•　Ⓕ はいでん

⑦ 賽銭　　　•　　　　　　　　　•　Ⓖ ちょうずや

⑧ 七五三　　•　　　　　　　　　•　Ⓗ はつもうで

⑨ 手水舎　　•　　　　　　　　　•　Ⓘ おおみそか

⑩ 大晦日　　•　　　　　　　　　•　Ⓙ しちごさん

3 보기 안에서 알맞은 표현을 골라 ( ) 안에 넣으세요.

보기

込めて　　といった　　べき　　ながらも　　ように

① 願いを（　　　　　　　）心の中で祈ります。

② ご縁が遠くなるためやめる（　　　　　　）だと言われます。

③ 成人式（　　　　　）、成長の節目にも神社にお参りに行きます。

④ ご縁があります（　　　　　　）と五円玉を入れることが多いです。

⑤ 神の存在を信じていない（　　　　　　）お参りには行ってくるという人
も多いです。

4 제시된 표현에 해당하는 의미설명을 올바르게 연결하세요.

① 鳥居　　•　　• Ⓐ 神仏に奉納する金銭

② 初詣　　•　　• Ⓑ 1年の最終の日、12月31日

③ 賽銭　　•　　• Ⓒ 神社の神域を示す一種の門

④ 手水舎　•　　• Ⓓ 新年に初めて神社に行って参拝すること

⑤ 大晦日　•　　• Ⓔ 神社で、参拝者が手・口などを清めるためのところ

연습문제

5 다음 제시된 표를 완성하고 그 차이를 생각해 보세요.

			~てくる	~てきた	~ていく	~ていった
보기	見る	➡	見てくる	見てきた	見ていく	見ていった
①	送る	➡				
②	走る	➡				
③	着る	➡				
④	食べる	➡				
⑤	歩く	➡				
⑥	寒くなる	➡				
⑦	本を読む	➡				
⑧	パンを買う	➡				
⑨	かさを持つ	➡				
⑩	コンビニによる	➡				

6 다음 표현을 보기와 같이 알맞게 고치세요.

			~かどうか・~てみる
보기	運気がある・おみくじを引く	➡	運気があるかどうかおみくじを引いてみる
①	神社に行く・聞く	➡	
②	手水舎がある・行く	➡	
③	使える・確かめる	➡	
④	間違いがある・確認する	➡	
⑤	動く・お金を入れる	➡	

7 다음을 일본어로 작문하세요.

① 옛날부터 신사는 서민 생활에 어우러져 왔습니다.

➡ _____

② 지푸라기라도 잡을 심정으로 신사에 가는 사람도 있습니다.

➡ _____

③ 신사 입구에는 '도리이(鳥居)'라고 하는 붉은 문이 있습니다.

➡ _____

④ 한 해의 풍작을 위해, 쌀이나 떡을 공물로 해 가는 사람도 있습니다.

➡ _____

⑤ 한 해를 운 좋게 보낼 수 있을지 어떨지 확인하기 위해 제비를 뽑아 보기도 합니다.

➡ _____

활동하기

1 아래의 그림을 보고 신사와 관련된 명칭을 조사하세요.

日本の匠

❶ ～ようだ

❷ ～そうだ

기본 학습 어휘

□ **育成** 육성
いくせい

□ **刀** 칼
かたな

□ **活躍** 활약
かつやく

□ **技術** 기술
ぎじゅつ

□ **曲線** 곡선
きょくせん

□ **切れ味** 칼이 드는 정도
き あじ

□ **後継者** 후계자
こうけいしゃ

□ **工芸品** 공예품
こうげいひん

□ **後代** 후대
こうだい

□ **最高級** 최고급
さいこうきゅう

□ **最先端** 최첨단
さいせんたん

□ **先代** 선대
せんだい

□ **匠** 장인
たくみ

□ **伝統** 전통
でんとう

□ **特徴** 특징
とくちょう

□ **日本刀** 일본도
に ほんとう

□ **刃先** 칼끝
は さき

□ **品質** 품질
ひんしつ

□ **包丁** 부엌칼
ほうちょう

□ **身近** 자신의 몸에서 가까운 곳, 신변
み ぢか

□ **無駄** 쓸모없음
む だ

□ **来日** 외국인이 일본에 옴
らいにち

□ **料理人** 요리인
りょう り にん

□ **技** 기술
わざ

- - - - - - - - - - - - - - -

□ **危ない** 위험하다
あぶ

□ **怖い** 두렵다
こわ

- - - - - - - - - - - - - - -

□ **受け継ぐ** 계승하다, 이어받다
う つ

□ **研ぎ澄ます** 충분히 갈다, 잘 갈다
と す

□ **滲む** 스미다, 번지다
にじ

□ **省く** 생략하다, 줄이다
はぶ

□ **触れる** 접촉하다, 느끼다
ふ

□ **求める** 구하다
もと

- - - - - - - - - - - - - - -

□ **ナイフ** 나이프

- - - - - - - - - - - - - - -

□ **～に限らず** ~뿐 아니라
かぎ

Track 5-01

日本を代表する伝統工芸品の一つに刀があります。無駄を省き、最高級の技術と品質で研ぎ澄ました日本刀は、海外でも人気が高いようです。触れるだけで切れそうな刃先と、曲線の美しさは、日本刀の特徴の一つです。刀と聞くと、「怖い」「危ない」と考える人もいるかもしれません。しかし刀は現在、包丁やナイフなどに形を変えて、その技術は私達の身近で活き続けています。その切れ味を求めて、海外からプロの料理人が来日することも多いみたいです。ところが、今は刀に限らず伝統技術を受け継ぐ後継者の育成が、なかなか難しいようです。伝統技術を受け継ぐというのは簡単ではないはずです。今、最先端で活躍する匠達も、先代の技を受け継ぐために、血の滲む努力をしたに違いありません。これからも、伝統技術を守り、伝統工芸品を後代に伝えていくためには、まず関心を持つことが大切です。

□ **一見** 일견, 한번 봄, 잠깐 봄
（いっけん）

□ **折り紙** 색종이, 종이접기
（お がみ）

□ **機械** 기계
（き かい）

□ **好評** 호평
（こうひょう）

□ **紙幣** 지폐
（し へい）

□ **職人** 직인, 장인 (그 방면의 전문가)
（しょくにん）

□ **進化** 진화
（しん か）

□ **進歩** 진보
（しん ぽ）

□ **製品** 제품
（せいひん）

□ **洗濯** 세탁
（せんたく）

□ **挑戦** 도전
（ちょうせん）

□ **手作業** 수작업
（て さぎょう）

□ **手すき** 손으로 뜬 종이, 재래식 일본 종이
（て）

□ **伝統的** 전통적
（でんとうてき）

□ **長持ち** 오래 감
（なが も）

□ **布** 천, 직물, 포목
（ぬの）

□ **ふすま** 맹장지

□ **包装** 포장
（ほうそう）

□ **密接** 밀접
（みっせつ）

□ **和紙** 화지, 일본 종이
（わ し）
（일본 고유의 제조법으로 만든 종이）

□ **丈夫だ** 튼튼하다
（じょう ぶ）

□ **活きる** 살다, 유지하다
（い）

□ **認める** 인정하다
（みと）

□ **破れる** 찢어지다
（やぶ）

□ **この先** 앞으로
（さき）

Track 5-02

　日本の伝統的な工芸品の中で、和紙ほど人々の生活に密接に関わっているものはありません。障子やふすま、折り紙などは有名ですが、日本の紙幣に和紙の特徴が活きていることを知っている人はあまりいないかもしれません。和紙は一見薄くてすぐに破れそうに見えますが、軽くて丈夫で長持ちするので、生活の中の様々な場面で活躍してきました。現在は包装などに使用する和紙は、機械で作ることが多くなっているようです。しかし、今でも手すきの和紙は和紙職人が手作業で作っています。また最近は、和紙で作った、かばんやドレスやジーンズといった製品もあります。それらは布みたいに洗濯もできるようです。また、軽さも好評です。科学技術の進歩と伝統技術が一つになり、和紙はこれからも進化していくはずです。世界が認める日本の伝統工芸は、この先も伝統を守りつつ新しいことに挑戦し、人の手から人の手へと伝わっていくに違いありません。

포인트 정리

～に違いない ～임에 틀림없다

▷ 동사・イ형용사의 기본형에 접속

▷ 명사・ナ형용사의 어간에 접속

日本の伝統工芸は人の手から人の手へと伝わっていくに違いありません。

일본의 전통공예는 사람의 손에서 사람의 손으로 전해져 감에 틀림없습니다.

匠達は先代の技を受け継ぐために、血の滲む努力をしたに違いありません。

장인들은 선대의 기술을 계승하기 위해, 피나는 노력을 했음에 틀림없습니다.

～かもしれない ～일지도 모르다

▷ 기본형에 접속

「怖い」「危ない」と考える人もいるかもしれません。

'무섭다', '위험하다'라고 생각하는 사람도 있을지도 모릅니다.

和紙の特徴が活きていることを知っている人はあまりいないかもしれません。

화지(일본 종이)의 특징이 살아 있다는 것을 아는 사람은 그다지 없을지도 모릅니다.

～はず ～할 리, 당연히 ～할 것

▷ 연체형에 접속

伝統を受け継ぐことは簡単なはずがない。 전통을 잇는 것은 간단할 리가 없다.

伝統技術を受け継ぐというのは簡単ではないはずです。

전통기술을 이어간다고 하는 것은 간단하지는 않을 것입니다.

科学技術の進歩と伝統技術が一つになり、和紙はこれからも進化していくはず

です。 과학기술의 진보와 전통기술이 하나가 되어, 화지는 앞으로도 진화해 갈 것입니다.

～つつ ～면서

▶ **ます형에 접속**

2개의 동작이 동시에 이루어지는 것을 의미한다.

この先も伝統を守りつつ新しいことに挑戦します。
앞으로도 전통을 지키면서 새로운 것에 도전합니다.

～さ ～ㅁ, ～기

イ형용사의 어간·ナ형용사의 어간에 접속하여 명사를 만들 수 있다.

*이 밖에 명사를 만드는 표현으로「～げ」,「～み」가 있다.

軽い 가볍다 ⇨ 軽さ 가벼움

美しい 아름답다 ⇨ 美しさ 아름다움

～ようだ ～인(한) 것 같다, ～인(한) 듯하다

화자가 직접 신체적으로 느끼거나 체험, 관찰한 근거를 바탕으로 판단하여 추측할 때 사용한다.

품사	접속 방법	활용 예
동사	기본형 + ようだ	降る → 降るようだ
イ형용사	기본형 + ようだ	おいしい → おいしいようだ
ナ형용사	명사 수식형 + ようだ	便利だ → 便利なようだ
명사	명사 + の + ようだ	学生 → 学生のようだ

日本刀は、海外でも人気が高いようです。 일본도는 해외에서도 인기가 많은 듯합니다.

現在の和紙は、機械で作ることが多くなっているようです。
현재의 화지는 기계로 만드는 일이 많아진 듯합니다.

포인트 정리

～そうだ (양태)　～인(한) 것 같다, ～인(한) 듯하다

시각적 근거를 바탕으로 화자가 예측, 예상, 예감 등을 나타낼 때 사용한다.

품사	접속 방법	활용 예
동사	ます형＋そうだ	降る　→　降りそうだ
イ형용사	어간＋そうだ	おいしい　→　おいしそうだ
ナ형용사	어간＋そうだ	便利だ　→　便利そうだ

*주의 : ない＋そうだ ⇨ なさそうだ
よい(いい)＋そうだ ⇨ よさそうだ

触れるだけで切れそうです。 만지는 것만으로 베일 것 같습니다.

和紙は薄くてすぐに破れそうに見えます。 화지는 얇아서 바로 찢어질 것처럼 보입니다.

～みたいだ　～인(한) 것 같다

▶「～ようだ」의 구어적 표현

품사	접속 방법	활용 예
동사	기본형＋みたいだ	降る　→　降るみたいだ
イ형용사	기본형＋みたいだ	おいしい　→　おいしいみたいだ
ナ형용사	어간＋みたいだ	便利だ　→　便利みたいだ
명사	명사＋みたいだ	学生　→　学生みたいだ

海外からプロの料理人が来日することも多いみたいです。
해외에서 프로 요리사가 일본을 방문하는 경우도 많은 것 같습니다.

연습문제

1 다음의 단어를 히라가나로 쓰세요.

① 育成　　（　　　　　　　　）　　② 刃先　　（　　　　　　　　）

③ 密接　　（　　　　　　　　）　　④ 和紙　　（　　　　　　　　）

⑤ 職人　　（　　　　　　　　）　　⑥ 挑戦　　（　　　　　　　　）

⑦ 工芸品　（　　　　　　　　）　　⑧ 最先端　（　　　　　　　　）

⑨ 破れる　（　　　　　　　　）　　⑩ 受け継ぐ（　　　　　　　　）

2 다음의 한자에 알맞은 단어를 연결하세요.

① 技術　　•　　　　　　　　•　Ⓐ しへい

② 品質　　•　　　　　　　　•　Ⓑ きかい

③ 曲線　　•　　　　　　　　•　Ⓒ らいにち

④ 包丁　　•　　　　　　　　•　Ⓓ こうだい

⑤ 紙幣　　•　　　　　　　　•　Ⓔ ほうそう

⑥ 後代　　•　　　　　　　　•　Ⓕ ひんしつ

⑦ 包装　　•　　　　　　　　•　Ⓖ ぎじゅつ

⑧ 機械　　•　　　　　　　　•　Ⓗ てさぎょう

⑨ 来日　　•　　　　　　　　•　Ⓘ ほうちょう

⑩ 手作業　•　　　　　　　　•　Ⓙ きょくせん

연습문제

3 보기 안에서 알맞은 표현을 골라 ( ) 안에 넣으세요.

> **보기**
>
> かも　　　こと　　　ため　　　つつ　　　といった

① かばんやドレスやジーンズ（　　　　　）製品もあります。

② プロの料理人が来日する（　　　　　）も多いみたいです。

③ 「怖い」「危ない」と考える人もいる（　　　　　）しれません。

④ この先も伝統を守り（　　　　　）新しいことに挑戦します。

⑤ 後代に伝えていく（　　　　　）には、まず関心を持つことが大切です。

4 다음 제시된 표를 완성하고 그 차이를 생각해 봅시다.

			～ようだ	～そうだ (양태)
보기	高い	➡	高いようだ	高そうだ
①	おいしい	➡		
②	元気だ	➡		
③	おもしろい	➡		
④	切れる	➡		
⑤	熱がある	➡		
⑥	雨が降る	➡		

⑦	疲れている	➡	
⑧	天気がよい	➡	
⑨	成績がよくない	➡	
⑩	ボタンが取れる	➡	

5 다음을 일본어로 작문하세요.

① 직물처럼 세탁도 할 수 있는 듯합니다.

➡ _____

② 가볍고 튼튼해서 오래가기 때문입니다.

➡ _____

③ 전통기술을 이어간다고 하는 것은 간단하지는 않을 것입니다.

➡ _____

④ 칼뿐만 아니라 전통기술을 이어받을 후계자 육성이 꽤 어려운 듯합니다.

➡ _____

⑤ 장인들은 선대의 기술을 계승하기 위해, 피나는 노력을 했음에 틀림없습니다.

➡ _____

1 일본의 전통공예를 찾아서 소개해 보세요.

2 인터넷에서 검색해서 종이공예 중의 하나인 색종이 접기를 해 보세요.

オタク

❶ 〜らしい

❷ 〜そうだ

기본 학습 어휘

□ **意味合い** 까닭, 이유, 사정, 의미

□ **延長** 연장

□ **お互い** 서로, 상호간

□ **肯定的** 긍정적

□ **社会生活** 사회생활

□ **趣味** 취미

□ **住まい** 주거, 주소

□ **大衆文化** 대중문화

□ **同士** 동지, 끼리

□ **熱中** 열중

□ **ひきこもり** 은둔형 외톨이

□ **否定的** 부정적

□ **分野** 분야

□ **詳しい** 상세하다, 환하다

□ **地味だ** 수수하다

□ **もともと** 본디부터, 원래

□ **指す** 가리키다

□ **溶け込む** 녹아들다, 융화하다

□ **はまる** 빠지다

□ **アニメ** 애니메이션

□ **イメージ** 이미지

□ **オタク(お宅)** 오타쿠

□ **ゲーム** 게임

□ **コスプレ** 코스프레

□ **コミュニティ** 커뮤니티

□ **〜はじめる** 〜(하)기 시작하다

Track 6-01

　オタクとはアニメ、コスプレ、ゲームなどにはまった人のことを指します。宅という言葉はもともと、「家・住まい」を意味するものでした。その後「お宅」を「あなた」という意味合いで使うようになり、自分の趣味の世界にはまっている人たちが、お互いを「おたくは〜」と呼びはじめ、それから現在の意味を持つようになりました。オタクは以前は暗いだの地味だのといった否定的なイメージがありました。しかし最近は、オタクについて「自分の世界を持っている」とか、「特定の分野に詳しい」とか、「一つに熱中している」という点を、肯定的に考える人も増えているらしいです。このように最近は多くの人が、オタクを趣味の延長、大衆文化の一つだと受け入れています。

オタクとひきこもりが同じだと思っている人もいますが、ひきこもりは社会生活ができない否定的な存在です。一方オタクは、オタク同士のコミュニティもあ

るし、一見見ただけでは

オタクとわからないぐら

い、社会に溶け込んでい

る人もたくさんいます。

심화 학습 어휘

□ **駅弁鉄** ^{えきべんてつ} 역의 도시락을 즐기는 오타쿠

□ **駅弁当** ^{えきべんとう} 역에서 파는 도시락

□ **音鉄** ^{おとてつ} 전철에 관한 소리를 즐기는 오타쿠

□ **活動** ^{かつどう} 활동

□ **共有** ^{きょうゆう} 공유

□ **〜系** ^{けい} 〜계

□ **高齢者** ^{こうれいしゃ} 고령자

□ **集団** ^{しゅうだん} 집단

□ **種類** ^{しゅるい} 종류

□ **乗客** ^{じょうきゃく} 승객

□ **省略** ^{しょうりゃく} 생략

□ **設置** ^{せっち} 설치

□ **〜族** ^{ぞく} 〜족

□ **代表的** ^{だいひょうてき} 대표적

□ **鉄オタ** ^{てつ} 철도 오타쿠

□ **鉄道オタク** ^{てつどう} 철도 오타쿠

□ **鉄道会社** ^{てつどうがいしゃ} 철도회사

□ **徹夜** ^{てつや} 철야, 밤샘

□ **撮り鉄** ^{とてつ} 전철 사진 찍기를 즐기는 오타쿠

□ **年齢** ^{ねんれい} 연령

□ **乗り鉄** ^{のてつ} 전철 타는 것을 즐기는 오타쿠

□ **録音** ^{ろくおん} 녹음

□ **幅広い** ^{はばひろ} 폭넓다

□ **珍しい** ^{めずら} 드물다

□ **有名だ** ^{ゆうめい} 유명하다

□ **スタイル** 스타일

□ **スポット** 점, 장소, 지점

□ **ベストポジション** 베스트 포지션

□ **〜あまり** 〜한 나머지

□ **〜何らかの** ^{なん} 어떠한

□ **〜ばかりでなく** 〜뿐만 아니라

🎧 Track 6-02

　日本では、何らかのスタイルや、趣味を共有して活動する集団を「〜オタク」、「〜系」、「〜族」などと呼びます。代表的なのが特定分野にはまった「〜オタク」ですが、その中でも「鉄道オタク」は有名です。「鉄道オタク」を省略して「鉄オタ」とも呼びます。年齢は子供から高齢者まで幅広いです。また、鉄オタには色々な種類があります。鉄オタの中には、写真を撮るのが好きな「撮り鉄」や、電車に乗ることを楽しむ「乗り鉄」、駅弁当が好きな「駅弁鉄」もいるそうです。それはばかりでなく、電車に関連した音が好きで音を録音する「音鉄」もいるらしいです。珍しい電車が人気スポットを通る時は、写真を撮るために全国から「撮り鉄」の鉄オタが集まります。ベストポジションにカメラを設置するために、場所取りで徹夜することもあるそうです。いい写真を撮る事に熱中するあまり、他の乗客や鉄道会社に迷惑をかけ、社会問題になることもあります。

포인트 정리

~らしい ~인(한) 듯하다, ~인(한) 것 같다

화자가 어느 정도 확실한 근거를 바탕으로 추측할 때 사용한다.

품사		접속 방법		활용 예		
동사	⇨	기본형＋らしい	⇨	降る	→	降るらしい
イ형용사	⇨	기본형＋らしい	⇨	おいしい	→	おいしいらしい
ナ형용사	⇨	어간＋らしい	⇨	便利だ	→	便利らしい
명사	⇨	명사＋らしい	⇨	学生	→	学生らしい

オタクは大衆文化の一つだと肯定的に考える人もいるらしいです。

오타쿠는 대중문화의 하나라고 긍정적으로 생각하는 사람도 있는 것 같습니다.

~そうだ (전문) ~(라)고 한다

다른 곳에서 들은 정보를 타인에게 전할 때 사용한다.

품사		접속 방법		활용 예		
동사	⇨	기본형＋そうだ	⇨	降る	→	降るそうだ
イ형용사	⇨	기본형＋そうだ	⇨	おいしい	→	おいしいそうだ
ナ형용사	⇨	기본형＋そうだ	⇨	便利だ	→	便利だそうだ
명사	⇨	명사＋だ＋そうだ	⇨	学生	→	学生だそうだ

▶ 주의 : 과거의 사실을 전할 때는 해당 사실을 과거형으로 만든다.

예 人が多いそうだった(×)   人が多かったそうだ(○)

駅弁当が好きな「駅弁鉄」もいるそうです。

역의 도시락(에키벤토)을 좋아하는 '에키벤테쓰'도 있다고 합니다.

～だの～だの ～둥 ～둥, ～(라)든가 ～(라)든가

オタクは以前は暗いだの地味だのといった否定的なイメージがありました。

오타쿠는 이전에는 어둡다는 둥 수수하다는 둥이라는 부정적인 이미지가 있었습니다.

～とか ～(라)든가/든지

「～とか～とか」、「～だの～だの」는 여러 가지 중에서 대표적인 예를 들어 제시하는 것을 나타내는데, 「～とか～とか」는 비교적 중립적이다.

「特定の分野に詳しい」とか、「一つに熱中している」という点を、肯定的に考える人もいます。

'특정 분야에 정통하다'라든가 '하나에 열중하고 있다'라는 점을 긍정적으로 생각하는 사람도 있습니다.

～ようになる ～(하)게 되다

▷ **동사의 기본형에 접속**

능력, 상황, 습관 등의 변화를 말할 때 사용한다.

お互いを「おたくは～」と呼びはじめ、それから現在の意味を持つようになりました。 서로를 '오타쿠(당신)는～'이라고 부르기 시작하여, 그 뒤로 현재의 의미를 갖게 되었습니다.

～ことになる ～(하)게 되다

▷ **동사의 기본형에 접속**

외적 요인에 의해 어떤 일이 결정된 것을 말할 때 사용한다.

徹夜することになりました。 철야하게 되었습니다.

연습문제

1 다음의 단어를 히라가나로 쓰세요.

① 年齢　（　　　　　　　　）　② 鉄道　（　　　　　　　　　）

③ 高齢者　（　　　　　　　）　④ 設置　（　　　　　　　　　）

⑤ 駅弁当　（　　　　　　　）　⑥ 撮り鉄　（　　　　　　　　）

⑦ 幅広い　（　　　　　　　）　⑧ 詳しい　（　　　　　　　　）

⑨ 熱中する（　　　　　　　）　⑩ 溶け込む（　　　　　　　　）

2 다음의 한자에 알맞은 단어를 연결하세요.

① 集団 •　　　　　　　　　　　• Ⓐ どうし

② 延長 •　　　　　　　　　　　• Ⓑ てつや

③ 分野 •　　　　　　　　　　　• Ⓒ ぶんや

④ 共有 •　　　　　　　　　　　• Ⓓ こうてい

⑤ 徹夜 •　　　　　　　　　　　• Ⓔ しゅるい

⑥ 省略 •　　　　　　　　　　　• Ⓕ きょうゆう

⑦ 大衆 •　　　　　　　　　　　• Ⓖ たいしゅう

⑧ 同士 •　　　　　　　　　　　• Ⓗ えんちょう

⑨ 肯定 •　　　　　　　　　　　• Ⓘ しゅうだん

⑩ 種類 •　　　　　　　　　　　• Ⓙ しょうりゃく

3 보기 안에서 알맞은 표현을 골라 (   ) 안에 넣으세요.

> 보기
>
> あまり　　だけでは　　だの　　でも　　と

① その中（なか）(　　　　　)「鉄道（てつどう）オタク」は有名（ゆうめい）です。

② 一見見（いっけんみ）た（　　　　　）オタクとわからないです。

③ いい写真（しゃしん）を撮（と）る事（こと）に熱中（ねっちゅう）する（　　　　　）、まわりに迷惑（めいわく）をかけます。

④ オタクは趣味（しゅみ）の延長（えんちょう）、大衆文化（たいしゅうぶんか）の一（ひと）つだ（　　　　　）受（う）け入（い）れています。

⑤ オタクは以前（いぜん）は暗（くら）い（　　　　　）地味（じみ）（　　　　　）といった否定的（ひていてき）なイメージがありました。

4 제시된 표현에 해당하는 의미설명을 올바르게 연결하세요.

① 音鉄（おとてつ）　・　　　　　・Ⓐ 駅弁当（えきべんとう）が好（す）きなオタク

② 撮（と）り鉄（てつ）　・　　　　　・Ⓑ 電車（でんしゃ）に乗（の）ることを楽（たの）しむオタク

③ 乗（の）り鉄（てつ）　・　　　　　・Ⓒ 電車（でんしゃ）の写真（しゃしん）を撮（と）るのが好（す）きなオタク

④ 駅弁鉄（えきべんてつ）　・　　　　　・Ⓓ 電車（でんしゃ）に関連（かんれん）した音（おと）が好（す）きで音（おと）を録音（ろくおん）するオタク

연습문제

5 다음 제시된 표를 완성하고 그 차이를 생각해 보세요.

			～ようになる	～ことになる
보기	飲む	→	飲むようになる	飲むことになる
①	行く	→		
②	見る	→		
③	話す	→		
④	起きる	→		
⑤	食べる	→		

6 다음을 일본어로 작문하세요.

① 자신의 취미 세계에 빠져 있습니다.

➡ _____

② 연령은 아이부터 고령자까지 폭넓습니다.

➡ _____

③ 언뜻 보는 것만으로는 오타쿠라고 알 수 없을 정도입니다.

➡ _____

④ 대중문화의 하나라고 긍정적으로 생각하는 사람도 있습니다.

➡ _____

⑤ 그 후 '댁(お宅)'을 '당신(あなた)'이라는 의미로 사용하게 되었습니다.

➡ _____

활동하기

1 다음 표현을 이용해 일기예보를 전하는 문장을 만들어 보세요.

* 날씨와 관련된 어휘

▷ 晴_はれ	晴_はれ　快晴_{かいせい}　雲一_{くもひと}つない
▷ 曇_{くも}り	曇_{くも}る　雲_{くも}が多_{おお}い　雲_{くも}が広_{ひろ}がる　うろこ雲　入道雲_{にゅうどうぐも}
▷ 雨_{あめ}	にわか雨_{あめ}　夕立_{ゆうだち}　通_{とお}り雨_{あめ}　霧雨_{きりさめ}　どしゃ降_ふり
▷ 雪_{ゆき}	雪_{ゆき}が降_ふる　雪_{ゆき}が多_{おお}い　雪_{ゆき}が積_つもる　雪_{ゆき}で覆_{おお}われる
▷ 霧_{きり}	霧_{きり}が濃_こい　霧_{きり}がかかる　霧_{きり}が立_たち込_こめる
▷ 風_{かぜ}	風_{かぜ}が強_{つよ}い　そよ風_{かぜ}が吹_ふく　風_{かぜ}がない
▷ PM2.5	PM2.5が多_{おお}い　濃度_{のうど}が濃_こい　数値_{すうち}が高_{たか}い
▷ 湿度_{しつど}	湿度_{しつど}が高_{たか}い　じめじめする　蒸_むしている　高温多湿_{こうおんたしつ}
▷ ひょう	ひょうが降_ふる　ひょうが降_ふり注_{そそ}ぐ

2 취미에 관한 이야기를 다른 사람에게서 듣고, 그 이야기를 친구에게 전하는 문장을 만들어 보세요.

日本の気候

기본 학습 어휘

□ 柿 감
かき

□ 気象庁 기상청
き しょうちょう

□ さつまいも 고구마

□ 四季 사계절
し き

□ 収穫期 수확기
しゅうかく き

□ 梅雨 장마
つ ゆ

□ 梨 배
なし

□ 農作物 농작물
のうさくぶつ

□ 梅雨前線 장마전선
ばい う ぜんせん

□ 雪合戦 눈싸움
ゆきがっせん

□ 雪だるま 눈사람
ゆき

□ 若葉 새잎, 어린 잎
わか ば

□ 明ける (장마가) 개다
あ

□ 居座る 눌러앉다, 머물러 앉다
い すわ

□ 定める 정하다
さだ

□ 積もる 쌓이다
つ

□ 芽生える 싹트다
め ば

□ ～をはじめとして ～을/를 시작으로 해서

□ 涼しい 시원하다
すず

□ それぞれ 각각

□ だんだん 차차, 점점

Track 7-01

日本には春、夏、秋、冬の四季があります。日本の気象庁では、3月から5月を「春」、6月から8月を「夏」、9月から11月を「秋」、12月から2月を「冬」と定めています。それぞれの季節は特徴があります。春になると、若葉が芽生え、あちらこちらで花が咲きはじめます。春が終わると夏が来ます。6月上旬から7月中旬にかけては、梅雨前線が居座り、雨の日が多くなります。そして梅雨が明ければ、とても暑くなります。秋になると、だんだん涼しくなります。秋はお米をはじめとして、さつまいもや梨や柿など、農作物の収穫期です。冬になると寒くなり、雪が降るところもあります。雪が積もったら、子供たちは雪だるまを作ったり、雪合戦をしたりします。日本旅行する予定があるなら、行ってみたい季節を考えてから計画を立てた方がいいでしょう。

□ ^{いきさき}行先 행선지, 목적지

□ ^{いじょう}以上 이상

□ ^{きおん}気温 기온

□ ^{きこう}気候 기후

□ ^{しつど}湿度 습도

□ ^{たてなが}縦長 세로로 긴 모습

□ ^{ちいき}地域 지역

□ ^{ちけい}地形 지형

□ ^{なんぼく}南北 남북

□ ^{ひょうてんか}氷点下 빙점하, 영하

□ ^{まなつ}真夏 한여름

□ ^{まふゆ}真冬 한겨울

□ ^{もうしょび}猛暑日 무더운 날
(섭씨 35도 이상의 날이 지속됨)

□ ^{れっとう}列島 열도

□ ^{かいてき}快適だ 쾌적하다

□ ^{にがて}苦手だ 서툴다, 거북하다

□ もうすぐ 이제 곧

□ ^こ超える 넘다

□ ^{こと}異なる 다르다

□ ^す過ごす 지내다

□ ^{つづ}続く 계속되다

□ ～に^{くら}比べると ～에 비교하면

🎧 Track 7-02

　もうすぐ冬休みです。冬休みに入ったら日本へ遊びに行く予定です。行先は沖縄を考えています。日本列島は南北に縦長の地形となっているので、地域によって気候が異なります。真冬の北海道では氷点下の日が続き、雪が降る日も多く、1メートル以上の雪が積もることもあります。一方、沖縄では冬でも15度以上の日が多いそうです。ですから寒いのが苦手なら、沖縄に行けば、冬でも快適に旅行を楽しむことができます。日本は夏になると、湿度と気温が高くなり、真夏になれば、地域によっては35度を超える猛暑日も多くなります。それに比べると、北海道は湿度も気温も低いので、夏でも過ごしやすいです。このように、旅行に行く時には、行先の気候の特徴について知っておいた方がいいです。今回は沖縄へ旅行に行こうと思っていますが、夏に旅行するなら北海道も行ってみたいと思います。

포인트 정리

～と ～면

'자연현상, 필연적인 결과, 습관·반복, 기계 조작, 새로운 사실의 발견'의 상황일 때 사용한다.

품사	접속 방법	활용 예
동사 ➡	기본형 + と ➡	降(ふ)る → 降(ふ)ると
イ형용사 ➡	기본형 + と ➡	おいしい → おいしいと
ナ형용사 ➡	기본형 + と ➡	便利(べんり)だ → 便利(べんり)だと
명사 ➡	명사+「だ」에「と」를 접속 ➡	学生(がくせい) → 学生(がくせい)だと

春(はる)になると、あちらこちらで花(はな)が咲(さ)きはじめます。
봄이 되면, 여기저기서 꽃이 피기 시작합니다.

夏(なつ)になると、湿度(しつど)と気温(きおん)が高(たか)くなります。 여름이 되면, 습도와 기온이 높아집니다.

あの角(かど)を曲(ま)がると、図書館(としょかん)があります。[발견]
저 모퉁이 돌면 도서관이 있습니다.

*図書館(としょかん) 도서관

このボタンを押(お)すと、コーヒーが出(で)てきます。[기계조작]
이 버튼을 누르면 커피가 나옵니다.

父(ちち)は朝(あさ)起(お)きると、いつもジョギングします。[습관·반복]
아버지는 아침에 일어나면 항상 조깅합니다.

*ジョギング 조깅

～ば ～면

'속담·진리·법칙, 자연현상, 필연적인 결과(「と」의 용법과 유사), 가정조건'의 상황일 때 사용한다.

품사	접속 방법	활용 예
1그룹동사 (5단동사)	어미를 「エ단」으로 바꾸고 「ば」를 접속	行^いく → 行^いけば 降^ふる → 降^ふれば
2그룹동사 (1단동사)	어미 「る」를 없애고 「れば」를 접속	見^みる → 見^みれば 食^たべる → 食^たべれば
3그룹동사 (변격동사)	불규칙적으로 활용	来^くる → 来^くれば する → すれば
イ형용사	어미 「い」를 없애고 「ければ」를 접속	おいしい → おいしければ
ナ형용사	어미 「だ」를 없애고 「ならば」를 접속	便利^{べんり}だ → 便利^{べんり}ならば
명사	명사 + ならば	学生^{がくせい} → 学生^{がくせい}ならば

そして梅雨^{つゆ}が明^あければ、とても暑^{あつ}くなります。
그리고 장마가 끝나면, 매우 더워집니다.

真夏^{まなつ}になれば、地域^{ちいき}によっては３５度^{さんじゅうごど}を超^こえる猛暑日^{もうしょび}も多^{おお}くなります。
한여름이 되면, 지역에 따라서는 35도를 넘는 무더운 날도 많아집니다.

ちりも積^つもれば山^{やま}となる。[속담] 먼지도 쌓이면 산이 된다(티끌 모아 태산).

雨^{あめ}が降^ふれば、遠足^{えんそく}は中止^{ちゅうし}です。[일회적 가정조건] 비가 내리면, 소풍은 중지입니다.

お金^{かね}があれば、海外旅行^{かいがいりょこう}に行^いけたのに。[일어날 수 없는 상황]
돈이 있으면 해외여행에 갈 수 있었을 텐데.

포인트 정리

~たら ~면

'필연적 결과, 발견(「と」의 용법과 유사), 일회적 사건, 실제로 일어나지 않은 상황(「ば」의 용법과 유사), 우연한 사건'일 때의 상황에서 사용한다. 후반부에 '의지, 희망, 명령, 의뢰' 등의 표현이 동반되기도 한다.

품사	접속 방법	활용 예
동사	동사의 た형 + ら	降^ふる → 降^ふったら
イ형용사	イ형용사 た형 + ら	おいしい → おいしかったら
ナ형용사	ナ형용사 た형 + ら	便利^{べんり}だ → 便利^{べんり}だったら
명사	명사 + だ의 た형 + ら	学生^{がくせい} → 学生^{がくせい}だったら

冬休^{ふゆやす}みに入^{はい}ったら日本^{にほん}へ遊^{あそ}びに行^いく予定^{よてい}です。
겨울 방학에 들어서면 일본에 놀러 갈 예정입니다.

雪^{ゆき}が積^つもったら、子供^{こども}たちは雪^{ゆき}だるまを作^{つく}ったりします。
눈이 쌓이면 아이들은 눈사람을 만들기도 합니다.

窓^{まど}を開^あけたら、桜^{さくら}の木^きが見^みえた。[발견]
창문을 열면 벚나무가 보였다.

雨^{あめ}が降^ふったら、遠足^{えんそく}は中止^{ちゅうし}です。[일회적 가정조건]
비가 내리면 소풍은 중지입니다.

〜なら ~면

외부로부터 정보를 얻고 이를 근거로 말할 때 사용한다. 후반부에 화자의 '충고, 조언, 요구, 판단' 등을 나타내는 표현을 동반하여 사용하기도 한다.

품사	접속 방법	활용 예
동사	기본형＋なら	降る → 降るなら
イ형용사	기본형＋なら	おいしい → おいしいなら
ナ형용사	「だ」를 없애고 「なら」를 접속	便利だ → 便利なら
명사	명사＋なら	学生 → 学生なら

夏に旅行するなら北海道も行ってみたいと思います。
여름에 여행한다면 홋카이도도 가 보고 싶습니다.

〜に比べる ~와/과 비교하다

それに比べると、北海道は湿度も気温も低いので、夏でも過ごしやすいです。
그에 비하면, 홋카이도는 습도도 기온도 낮아서, 여름에도 지내기 쉽습니다.

〜た方がいい ~하는 편이 좋다

▶ た형에 접속

行先の気候の特徴について知っておいた方がいいです。
목적지의 기후 특징에 관해 알아 두는 편이 좋습니다.

行ってみたい季節を考えてから計画を立てた方がいいでしょう。
가 보고 싶은 계절을 생각한 후에 계획을 세우는 편이 좋을 것입니다.

연습문제

1 다음의 단어를 히라가나로 쓰세요.

① 若葉 （　　　　　　　　）　② 氷点下 （　　　　　　　　）

③ 猛暑日 （　　　　　　　　）　④ 収穫期 （　　　　　　　　）

⑤ 農作物 （　　　　　　　　）　⑥ 超える （　　　　　　　　）

⑦ 居座る （　　　　　　　　）　⑧ 定める （　　　　　　　　）

⑨ 積もる （　　　　　　　　）　⑩ 芽生える （　　　　　　　）

2 다음의 한자에 알맞은 단어를 연결하세요.

① 梨　　　　　•　　　　　• Ⓐ しき

② 柿　　　　　•　　　　　• Ⓑ なし

③ 四季　　　　•　　　　　• Ⓒ かき

④ 縦長　　　　•　　　　　• Ⓓ きこう

⑤ 真夏　　　　•　　　　　• Ⓔ しつど

⑥ 湿度　　　　•　　　　　• Ⓕ まなつ

⑦ 気候　　　　•　　　　　• Ⓖ たてなが

⑧ 気象庁　　　•　　　　　• Ⓗ ゆきがっせん

⑨ 雪合戦　　　•　　　　　• Ⓘ きしょうちょう

⑩ 梅雨前線　　•　　　　　• Ⓙ ばいうぜんせん

3 보기 안에서 알맞은 표현을 골라 (   ) 안에 넣으세요.

> 보기
>
> が　　でも　　にかけては　　によって　　をはじめとして

① 地域 (　　　　　　) 気候が異なります。

② 気候の特徴について知っておいた方 (　　　　　) いいです。

③ ６月上旬から７月中旬 (　　　　　)、梅雨前線が居座ります。

④ 沖縄に行けば、冬 (　　　　　) 快適に旅行を楽しむことができます。

⑤ 秋はお米 (　　　　　)、さつまいもや梨や柿など、農作物の収穫期です。

4 문제를 보기와 같이 문장으로 만드세요.

> 보기
>
> お酒を飲む・顔が赤くなる ➡ お酒を飲むと顔が赤くなる。

① 春になる・桜が咲く　　　　➡ ＿＿＿＿＿＿＿＿＿＿＿＿＿＿＿＿

② 夏になる・蚊が多くなる　　➡ ＿＿＿＿＿＿＿＿＿＿＿＿＿＿＿＿

③ 秋になる・紅葉の色が変わる ➡ ＿＿＿＿＿＿＿＿＿＿＿＿＿＿＿＿

④ 冬になる・雪が降る　　　　➡ ＿＿＿＿＿＿＿＿＿＿＿＿＿＿＿＿

*蚊 모기　*紅葉・紅葉 단풍

5 문제를 보기와 같이 문장으로 만드세요.

> **보기**
> 梅雨が明ける・暑くなる ➡ 梅雨が明ければ暑くなる。

① 安い・買う ➡ _____

② 論文を出す・卒業できる ➡ _____

③ コーヒーでも飲む・目がさめる ➡ _____

④ 真夏になる・猛暑日が多くなる ➡ _____

> *論文 논문 卒業 졸업
> 目がさめる (잠에서) 깨어나다, 졸음이 달아나다

6 문제를 보기와 같이 문장으로 만드세요.

> **보기**
> 雪が積もる・雪だるまを作りましょう
> ➡ 雪が積もったら雪だるまを作りましょう。

① 勉強が終わる・飲みに行く

➡ _____

② 冬休みに入る・日本へ行く予定です

➡ _____

③ 天気がいい・ピクニックに行こうと思う

➡ _____

④ ご飯を食べる・映画を見に行きませんか

➡ _____

7 문제를 보기와 같이 문장으로 만드세요.

> 보기
> 夏に旅行に行く・北海道がいい
> ➡ 夏に旅行に行くなら北海道がいい。

① 君が行く・私も行く

➡ _____

② 暑い・クーラーをつけてもいい

➡ _____

③ 早く治りたい・病院に行くべきだ

➡ _____

④ 魚を買う・築地市場と決めている   *築地市場(市場) 쓰키지 시장, 수산물 도매시장

➡ _____

8 다음을 일본어로 작문하세요.

① 여름이 되면 습도와 기온이 높아집니다.

➡ _____

② 장마전선이 머물러, 비 오는 날이 많아집니다.

➡ _____

③ 일본 열도는 남북으로 세로로 긴 지형으로 되어 있습니다.

➡ _____

④ 봄이 되면 새싹이 돋고 여기저기서 꽃이 피기 시작합니다.

➡ _____

⑤ 오키나와에서는 겨울에도 15도 이상의 날이 많다고 합니다.

➡ _____

1 한국과 한국 이외의 나라의 계절 특징에 대해 설명하세요.

2 일본의 각 지역의 특징을 설명하세요.

日本の
お礼とお返し

❶ やる・あげる・さしあげる

❷ くれる・くださる

❸ もらう・いただく

기본 학습 어휘

□ **挨拶** 인사
_{あいさつ}

□ **お返し** 답례, 답례품
_{かえ}

□ **お菓子** 과자
_{か し}

□ **贈り物** 선물
_{おく もの}

□ **感謝** 감사
_{かんしゃ}

□ **近所** 근처, 이웃집
_{きんじょ}

□ **洗剤** 세제
_{せんざい}

□ **詰め合わせ** 여러 가지 물건을 넣은 것
_{つ あ}

□ **隣** 옆집
_{となり}

□ **引っ越し** 이사
_{ひ こ}

□ **引っ越しそば** 이사 간 곳의 이웃에게
_{ひ こ} 돌리는 메밀국수

....

□ **大事だ** 중요하다, 소중하다
_{だい じ}

....

□ **すぐに** 바로

□ **ただ** 단지, 다만

□ **わざわざ** 특별히, 일부러
「わざと(일부러)」와 사용 주의」

....

□ **いただく** 받다 (「もらう(받다)」의 겸양표현)

□ **返す** 돌려주다, 되돌리다
_{かえ}

□ **くださる** 주시다 (「くれる(주다)」의 높임말)

□ **配る** 나누어 주다, 배포하다
_{くば}

□ **悩む** 고민하다, 괴로워하다
_{なや}

□ **引っ越す** 이사하다
_{ひ こ}

□ **まいる** 오다 (「来る(오다)」의 겸양표현)
_く

□ **迷う** 망설이다, 헤매다
_{まよ}

□ **渡す** 건네주다
_{わた}

....

□ **アドバイス** 충고, 조언, 어드바이스

□ **クッキー** 쿠키

□ **タイミング** 타이밍

....

□ **~からといって** ~(라)고 해서,
~(라)고 하더라도

□ **~た末(に)** ~한 끝(에)
_{すえ}

□ **~とか** ~(라)든가

□ **なりに** 나름대로

Track 8-01

隣に引っ越してきた人から引っ越しそばをいただきました。引っ越しそばは、お側にまいりましたという意味を込めて、近所に配るものだそうです。わざわざ贈り物を持って挨拶に来てくださったので、私も感謝の気持ちを伝えたいと思いました。引っ越しそばなど、引っ越しの贈り物をもらった時には、お礼を言うだけでよいと聞きましたが、私はただお礼の言葉を言うより、贈り物でお返しをしようと思いました。しかし、いただいたからといって、すぐに返すのは失礼だと聞きました。お返しを渡すタイミングも大事なので、10日後ぐらいにしようと考えました。お返しに何をあげたらいいか迷ったあげく、友達に聞いてみたら、「洗剤とかお菓子とかをあげるのはどう。」とアドバイスをしてくれました。私なりにお返しを悩んだ末、クッキーの詰め合わせを渡すことにしました。

심화 학습 어휘

□ 一般的 일반적
いっぱんてき

□ 祝い・お祝い 축하, 축하 선물
いわ いわ

□ ○○祝い ○○축하, ○○축하 선물
いわ

□ 内祝い 집안끼리의 축하 행사 (자기 집안사
うちいわ
람의 결혼·출생·병의 완쾌 따위의
경사를 기념하기 위하여 선사하는
일, 또는 그 물건)

□ お歳暮 연말에 보내는 선물
せい ぼ

□ お中元 중원(백중) 때의 선물
ちゅうげん

□ お見舞い 병문안
み ま

□ 記念 기념
き ねん

□ 結婚 결혼
けっこん

□ 新築 신축
しんちく

□ 卒業 졸업
そつぎょう

□ 長寿 장수
ちょうじゅ

□ 入学 입학
にゅうがく

□ 本来 본래
ほんらい

□ 親しい 친하다
した

□ 様々だ 다양하다
さまざま

□ 応える 응하다, 응답하다
こた

□ 伝える 전하다
った

内祝いとは本来自分の家のお祝い事の記念に、親しい人に贈り物をすることです。内祝いには結婚の内祝い、出産の内祝い、長寿の内祝い、新築の内祝いなどがあります。しかし最近では、お祝いやお見舞いに贈り物をいただいた時のお返しを「内祝い」と呼ぶことが一般的です。日本では様々な節目に贈り物をするため、内祝いを送ることもたくさんあります。だからといって、いただいたものすべてにお返しをする必要はありません。七五三、入学・卒業祝い、お中元、お歳暮などはお返しをしないことの方が多いです。しかし、感謝の気持ちを伝えることは大切です。私も以前、親戚の子にプレゼントを買ってあげた時、お礼に気持ちのこもったメッセージカードをもらって、とても嬉しかった経験があります。このように、何かをいただいたら、お祝いをくださった方の気持ちに応えるようにするといいと思います。

포인트 정리

~からといって ~(라)고 해서/하더라도

▷ **기본형에 접속**

문말에 「~とは限らない」, 「~わけではない」, 「~とは言えない」 등의 부분부정 표현을 동반하여 사용되기도 한다.

いただいたからといって、すぐに返すのは失礼だと聞きました。
받았다고 해서 바로 답례를 하는 것은 실례라고 들었습니다.

~たあげく ~한 끝에

▷ **동사의 た형에 접속**

▷ **명사＋の에 접속**

お返しに何をあげたらいいか迷ったあげく、友達に聞いてみました。
답례품으로 무엇을 주면 좋을까 고민한 끝에 친구에게 물어 봤습니다.

~ようにする ~(하)도록 하다

▷ **동사의 기본형에 접속**

어떤 일이 이루어지도록 노력한 것을 말할 때 사용한다.

お祝いをくださった方の気持ちに応えるようにするといいと思います。
축하 선물을 주신 분의 마음에 부응하도록 하면 좋다고 생각합니다.

~ことにする ~(하)기로 하다

▷ **동사의 기본형에 접속**

화자가 어떤 일을 주체적으로 결정한 것을 말할 때 사용한다.

クッキーの詰め合わせを渡すことにしました。 쿠키 세트를 전하기로 했습니다.

やる・あげる・さしあげる 주다・드리다

▶ 「주는 자 が/は」+「받는 자 に」+「사물 を」+ やる・あげる・さしあげる

보통 '주는 자'는 '나' 또는 '나와 가까운 사람'이고, '받는 자'는 타인에 해당된다.

私は友達に洗剤をあげました。 나는 친구에게 세제를 주었습니다.

お客さんに記念品をさしあげました。 손님에게 기념품을 드렸습니다.

「やる」는 동식물이나 손윗사람이 손아랫사람에게 물건을 줄 때 사용되었지만, 요즘은 「あげる」가 대체되어 사용되기도 한다. 「さしあげる」는 손아랫사람이 손윗사람에게 물건을 드릴 때 사용한다.

くれる・くださる 주다・주시다

▶ 「주는 자 が/は」+「받는 자 に」+「사물 を」+ くれる・くださる

보통 '주는 자'는 타인이고, '받는 자'는 '나' 또는 '나와 가까운 사람'에 해당된다.

弟が私にボールをくれました。 남동생이 나에게 공을 주었습니다.

お隣さんが私にそばをくださいました。 이웃집 사람이 저에게 국수를 주셨습니다.

타인인 '주는 자'가 '받는 자'보다 손윗사람일 때는 「くださる」를 사용한다.

もらう・いただく 받다

▶ 「받는 자 が/は」+「주는 자 に/から」+「사물 を」+ もらう・いただく

보통 '받는 자'는 '나' 또는 '나와 가까운 사람'이고, '주는 자'는 타인에 해당된다.

私は友達から洗剤をもらいました。 나는 친구에게 세제를 받았습니다.

私はお隣さんからそばをいただきました。 나는 옆집 사람에게 국수를 받았습니다.

타인인 '주는 자'가 '받는 자'보다 손윗사람일 때는 「いただく」를 사용한다.

포인트 정리

～てやる・～てあげる・～てさしあげる ～해 주다・～해 드리다

▶ 「주는 자 が/は」+「받는 자 に」+「행위」+ てやる・てあげる・てさしあげる

보통 '주는 자'는 '나' 또는 '나와 가까운 사람'이고, '받는 자'는 타인에 해당된다.

母は子供に本を読んであげました。 엄마는 아이에게 책을 읽어 주었습니다.

私は弟にクッキーを作ってあげました。 나는 남동생에게 쿠키를 만들어 주었습니다.

～てくれる・～てくださる ～해 주다・～해 주시다

▶ 「주는 자 が/は」+「받는 자 に」+「행위」+ てくれる・てくださる

보통 '주는 자'는 타인이고, '받는 자'는 '나' 또는 '나와 가까운 사람'에 해당된다.

友達が私にアドバイスをしてくれました。 친구가 나에게 조언을 해 주었습니다.

先生は私に本を送ってくださいました。 선생님은 저에게 책을 보내 주셨습니다.

～てもらう・～ていただく (주는 자와 받는 자를 교체한 후) ～해 주다・～해 주시다

▶ 「받는 자 が/は」+「주는 자 に/から」+「행위」+ てもらう・ていただく

보통 '받는 자'는 '나' 또는 '나와 가까운 사람'이고, '주는 자'는 타인에 해당된다.

私は友達からクッキーを送ってもらいました。 친구가 나에게 쿠키를 보내 주었습니다.

私は先生に本を紹介していただきました。 선생님이 저에게 책을 소개해 주셨습니다.

연습문제

1 다음의 단어를 히라가나로 쓰세요.

① 隣　　　　（　　　　　　）　② 入学　　（　　　　　　）

③ 引っ越し　（　　　　　　）　④ 贈り物　（　　　　　　）

⑤ お見舞い　（　　　　　　）　⑥ 親しい　（　　　　　　）

⑦ 詰め合わせ（　　　　　　）　⑧ 内祝い　（　　　　　　）

⑨ 配る　　　（　　　　　　）　⑩ 悩む　　（　　　　　　）

2 다음의 한자에 알맞은 단어를 연결하세요.

① 挨拶 ・　　　　　　　　　・ Ⓐ かし

② 長寿 ・　　　　　　　　　・ Ⓑ きねん

③ 近所 ・　　　　　　　　　・ Ⓒ せいぼ

④ 記念 ・　　　　　　　　　・ Ⓓ かんしゃ

⑤ 歳暮 ・　　　　　　　　　・ Ⓔ きんじょ

⑥ 卒業 ・　　　　　　　　　・ Ⓕ あいさつ

⑦ 中元 ・　　　　　　　　　・ Ⓖ せんざい

⑧ 洗剤 ・　　　　　　　　　・ Ⓗ ちょうじゅ

⑨ 菓子 ・　　　　　　　　　・ Ⓘ そつぎょう

⑩ 感謝 ・　　　　　　　　　・ Ⓙ ちゅうげん

연습문제

3 보기 안에서 알맞은 표현을 골라 ( ) 안에 넣으세요.

>
> から 末^{すえ} とか なり に

① 私^{わたし}（ ）にお返^{かえ}しを悩^{なや}みました。

②「洗剤^{せんざい}（ ）お菓子^{かし}とかをあげたら。」と言^いってくれました。

③ いただいた（ ）といって、すぐに返^{かえ}すのは失礼^{しつれい}だと聞^ききました。

④ お祝^{いわ}いをくださった方^{かた}の気持^{きも}ち（ ）応^{こた}えるようにするといいと思^{おも}います。

⑤ 私^{わたし}なりにお返^{かえ}しを悩^{なや}んだ（ ）、クッキーの詰^つめ合^あわせを渡^{わた}すことにしました。

4 문제를 보기와 같이 문장으로 만드세요.

>
> 友達^{ともだち}・お祝^{いわ}いの花^{はな} ➜ 友達^{ともだち}にお祝^{いわ}いの花^{はな}をあげました。

① 隣^{となり}の人^{ひと}・お菓子^{かし} ➜ _____

② 友達^{ともだち}・お見舞^{みま}い ➜ _____

③ 知^しり合^あい・お中元^{ちゅうげん} ➜ _____

④ 親^{した}しい人^{ひと}・記念品^{きねんひん} ➜ _____

⑤ 知^しり合^あい・就職祝^{しゅうしょくいわ}い ➜ _____

110

5 문제를 보기와 같이 문장으로 만드세요.

> **보기**
> 友達・お祝いの花 ➡ 友達がお祝いの花をくれました。

① 隣の人・洗剤 ➡ _____

② 両親・入学祝い ➡ _____

③ 知り合い・お歳暮 ➡ _____

④ 親しい人・おみやげ ➡ _____

⑤ 知り合い・卒業祝い ➡ _____

6 문제를 보기와 같이 문장으로 만드세요.

> **보기**
> 友達・お祝いの花 ➡ 友達に/からお祝いの花をもらいました。

① 隣の人・引っ越しそば ➡ _____

② 親しい人・プレゼント ➡ _____

③ 知り合い・出産の内祝い ➡ _____

④ 知り合い・お礼の品物 ➡ _____

⑤ 祖父母・七五三のお祝い ➡ _____

7 다음을 일본어로 작문하세요.

① 답례품을 전하는 타이밍도 중요합니다.

→ _____

② 감사의 마음(기분)을 전하는 것은 중요합니다.

→ _____

③ 옆집에 이사 온 사람에게 이사 국수를 받았습니다.

→ _____

④ 그렇다고 해서 받았던 것 모두에 답례를 할 필요는 없습니다.

→ _____

⑤ '우치이와이(內祝い)'란 본래 자기 집안의 경사를 기념으로 친한 사람에게 선물을 하는 것입니다.

→ _____

1 한국의 답례문화를 일본어로 써 보세요.

2 한국의 선물문화(축의, 기념)에 대해 일본어로 써 보세요.

日本の祝日

に ほん　　しゅく じつ

❶ ～れる・られる

기본 학습 어휘

□ 一日中 ^{いちにちじゅう} 하루 종일

□ 甥 ^{おい} 남자 조카

□ 大勢 ^{おおぜい} (사람이) 많이, 여러

□ 観覧車 ^{かんらんしゃ} 관람차

□ 子供の日 ^{こども ひ} 어린이날

□ 姪 ^{めい} 여자 조카

□ 約束 ^{やくそく} 약속

□ 遊園地 ^{ゆうえんち} 유원지

□ 一気に ^{いっき} 한번에, 단숨에

□ 全て ^{すべ} 모두, 모조리

□ 歩き回る ^{ある まわ} 돌아다니다

□ 気がする ^き 느낌이 들다

□ 聞こえる ^き 들리다

□ 訪ねる ^{たず} 방문하다

□ 疲れが取れる ^{つか と} 피로가 풀리다

□ 連れて行く ^{つ い} 데려가다

□ 話しかける ^{はな} 말을 걸다

□ 踏む ^ふ 밟다

□ アトラクション 놀이기구

□ ジェットコースター 제트코스터

□ プレゼント 선물

□ 朝早く ^{あさはや} 아침 일찍

□ くたくた 녹초가 된 모양

□ ～せいか ～탓인지

□ その上 ^{うえ} 더구나, 게다가

□ ～通り ^{とお} ～대로

□ 一目で ^{ひとめ} 한 눈에

Track 9-01

　今日は子供の日でした。私には甥と姪がいますが、先月から、子供の日には遊園地に連れて行くと約束していました。それで、約束していた通り甥と姪が訪ねてきて、朝早く起こされました。遊園地には人が大勢いました。それぞれのアトラクションの前にもたくさんの人が並んでいました。人気のジェットコースターの列も長かったです。乗るのに2時間も待たされました。その上、待っている間、前の人に足を踏まれたりもしました。甥と姪に話しかけられても周りがうるさくて聞こえませんでした。遊園地で一日中遊んで、最後に観覧車に乗りました。観覧車の上からは遊園地の全てのアトラクションが一目で見られました。家に帰ってから、甥と姪に子供の日のプレゼントをあげました。人の多い場所で一日中歩き回ったせいか、とても疲れてくたくたでしたが、甥と姪がプレゼントをとても喜んでくれたので、一日の疲れが一気に取れた気がしました。

심화 학습 어휘

□ **機会** 기회
きかい

□ **敬老会** 경로회
けいろうかい

□ **敬老の日** 경로의 날
けいろう ひ

□ **孝行** 효행, 효도
こうこう

□ **奨励** 장려
しょうれい

□ **制度** 제도
せいど

□ **祖父母** 조부모
そ ふ ぼ

□ **知恵** 지혜
ち え

□ **年寄り** 노인
としよ

□ **始まり** 시작
はじ

□ **普段** 평상시, 평소
ふ だん

□ **村** 마을
むら

□ **両親** 부모님, 양친
りょうしん

□ **連休** 연휴
れんきゅう

□ **連絡** 연락
れんらく

□ **老人** 노인
ろうじん

□ **あまり+부정표현** 그다지

□ **いつまで** 언제까지

□ **きっと** 꼭, 반드시

□ **なかなか+부정표현** 좀처럼

□ **祝う** 축하하다
いわ

□ **敬う** 존경하다
うやま

□ **借りる** 빌리다
か

□ **暮らす** 살다
く

□ **尽くす** (남을 위해) 애쓰다
つ

□ **離れる** 떨어지다
はな

□ **開く** 개최하다
ひら

□ **広まる** 널리 퍼지다
ひろ

□ **ハッピーマンデー** 해피 먼데이
   (일부 경축일을 월요일로 옮겨 토・일요일과 함께
   3일 연휴를 실시하는 제도)

□ **きっかけに** 계기로

□ **こまめに** 여러 번, 자주

□ **~作り** ~만들기
づく

Track 9-02

日本には敬老の日があります。敬老の日は社会のために尽くしてきた高齢者を敬い、長寿を祝う日です。「老人を大切にして、年寄りの知恵を借りて村作りをしよう」と敬老会を開いたのが始まりで、それが全国に広まったらしいです。以前は毎年9月15日を敬老の日としていました。しかしハッピーマンデーという、連休を奨励する制度で、9月の第3月曜日に決められました。敬老の日になると、地域では敬老のお祝い会なども開かれるようです。また、家族みんなで集まって食事をしたりもします。しかし、最近は祖父母と離れて暮らしている人の方が多いようです。普段から、両親にはこまめに連絡をしても、祖父母にはなかなか連絡をしない人もいるらしいです。ですから、敬老の日を機会に、普段あまり伝えられない感謝の気持ちを伝えたらきっと喜ばれるでしょう。また、祖父母は、年齢的にもいつまで一緒にいられるかわかりません。敬老の日をきっかけに、祖父母孝行をしてみたらいかがでしょう。

포인트 정리

～通り ～대로

▷ 동사 기본형＋通(とお)り

▷ 명사＋の＋通(とお)り

▷ 명사＋通(どお)り

約束(やくそく)していた通(とお)り甥(おい)と姪(めい)が訪(たず)ねてきました。

약속한 대로 남자 조카와 여자 조카가 찾아왔습니다.

～をきっかけに ～을/를 계기로

'어떤 일의 동기가 된다'라는 뜻으로, 유사한 표현으로 「～がきっかけで」도 있다.

敬老(けいろう)の日(ひ)をきっかけに、祖父母孝行(そふぼこうこう)をしてみたらいかがでしょう。

경로의 날을 계기로 조부모 효도를 해 보면 어떠신지요?

アニメがきっかけで日本語(にほんご)に興味(きょうみ)を持(も)った。

애니메이션이 계기가 되어 일본어에 흥미를 가졌다.

～たらどうですか ～(하)면 어떻습니까?

▷ た형에 접속

상대에게 어떤 행동을 할 것을 제안하는 것으로 「～た方(ほう)がいい」보다 직접적이다.

電話(でんわ)をかけてみたらどうですか。

전화를 걸어 보면 어떤지요?

*いかが 「どう」의 대우표현

かぜ薬(くすり)を飲(の)んだらどうですか。

감기약을 먹으면 어떤지요?

～(ら)れる ～어(아)지다, ～(함을) 당하다, ～받다

'수동(受け身)표현'은 동작 또는 작용에 영향을 받은 대상이 주어로 나타난 표현으로, 일본어의 「～(ら)れる」는 수동 외에도 '가능, 자발, 존경'의 의미를 나타낸다.

동사	접속 방법	활용 예
1그룹동사 (5단동사)	「ウ단」을 「ア단」으로 바꾸고 「れる」를 접속	行く → 行かれる 飲む → 飲まれる
2그룹동사 (1단동사)	「る」를 없애고 「られる」를 접속	見る → 見られる 食べる → 食べられる
3그룹동사 (변격동사)	불규칙적으로 활용	来る → 来られる する → される

*주의 : 「～う」로 끝난 경우에는 「あ」가 아니라 「わ」로 바꾸고 「れる」를 접속한다.
言う → 言われる　笑う → 笑われる

▷ **수동형으로 쓸 수 없는 동사**

존재나 상태를 나타내는 경우	ある(있다)　いる(있다)　要る(필요하다)　分かる(알다)
자발의 의미를 나타내는 경우	見える(보이다)　聞こえる(들리다)
능력을 나타내는 경우	できる(할 수 있다)　동사의 가능형

포인트 정리

▷ 수동표현 만들기

母が弟をしかる。 엄마가 남동생을 야단치다.

➔ 弟が母にしかられました。 남동생이 엄마에게 야단맞았습니다.

甥と姪が話しかける。 남자 조카와 여자 조카가 말을 걸다.

➔ 甥と姪に話しかけられました。 남자 조카와 여자 조카가 말을 걸어왔습니다.

(화자인 내가 조카들에게서 들은 상황)

猫が田中さんの足をかむ。 고양이가 다나카 씨의 발을 물다.

➔ 田中さんが猫に足をかまれました。 다나카 씨가 고양이에게 발을 물렸습니다.

隣の人が(私の)足を踏む。 옆 사람이 (내) 발을 밟다.

➔ (私は)隣の人に足を踏まれました。 (나는) 옆 사람에게 발을 밟혔습니다.

学校から帰るとき、雨が降る。 학교에서 돌아올 때, 비가 내리다.

➔ 学校から帰るとき、(私は)雨に降られました。 학교에서 돌아올 때, (나는) 비를 맞았습니다.

▶ 수동

朝早く甥と姪に起こされました。 아침 일찍 남자 조카와 여자 조카가 잠을 깨웠습니다.

乗るのに２時間も待たされました。 타는 데 2시간이나 기다렸습니다.

▶ 자발

昔のことが思い出されました。 옛날 일이 생각났습니다.

日差しが暖かく感じられました。 햇살이 따뜻하게 느껴졌습니다.

*주로「感じる(느끼다) 思う(생각하다) 考える(생각하다)」와 같이 심리를 나타내는 동사에서 나타난다.

▶ 가능

普段あまり伝えられない感謝の気持ちを敬老の日に伝えます。
평소에는 좀처럼 전할 수 없는 감사의 마음(기분)을 경로의 날에 전합니다.

*2그룹과 3그룹에 있는「ら」를 생략해서 사용하는 경우도 있다(ラ抜きことば).
*가능표현은 STEP1 10과 참고

▶ 존경

いつ来られますか。 언제 오십니까?

先生はもう家に帰られました。 선생님은 벌써 집에 돌아가셨습니다.

연습문제

1 다음의 단어를 히라가나로 쓰세요.

① 一目 (   )   ② 制度 (   )

③ 老人 (   )   ④ 一日中 (   )

⑤ 敬う (   )   ⑥ 尽くす (   )

⑦ 暮らす (   )   ⑧ 訪ねる (   )

⑨ 離れる (   )   ⑩ 踏まれる (   )

2 다음의 한자에 알맞은 단어를 연결하세요.

① 姪　　　•　　　　　　　　• Ⓐ おい

② 甥　　　•　　　　　　　　• Ⓑ ちえ

③ 奨励　　•　　　　　　　　• Ⓒ めい

④ 知恵　　•　　　　　　　　• Ⓓ そふぼ

⑤ 孝行　　•　　　　　　　　• Ⓔ こうこう

⑥ 約束　　•　　　　　　　　• Ⓕ やくそく

⑦ 観覧車　•　　　　　　　　• Ⓖ しょうれい

⑧ 遊園地　•　　　　　　　　• Ⓗ ゆうえんち

⑨ 敬老会　•　　　　　　　　• Ⓘ かんらんしゃ

⑩ 祖父母　•　　　　　　　　• Ⓙ けいろうかい

3 보기 안에서 알맞은 표현을 골라 ( ) 안에 넣으세요.

> 보기
>
> きっかけ　　きっと　　せいか　　という　　通り_{とお}

① 約束_{やくそく}していた （　　　　　　） 甥_{おい}と姪_{めい}が訪_{たず}ねてきました。

② 感謝_{かんしゃ}の気持_{きも}ちを伝_{つた}えたら （　　　　　　） 喜_{よろこ}ばれるでしょう。

③ 敬老_{けいろう}の日_ひを （　　　　　　） に、祖父母孝行_{そふぼこうこう}をしてみたらいかがでしょう。

④ ハッピーマンデー （　　　　　　） 制度_{せいど}で、9月_{くがつ}の第3月曜日_{だいさんげつようび}に決_きめられました。

⑤ 人_{ひと}の多_{おお}い場所_{ばしょ}で一日中歩_{いちにちじゅうある}き回_{まわ}った （　　　　　　）、とても疲_{つか}れてくたくたに なりました。

4 다음의 동사에 대해 「れる·られる」를 접속하세요.

① 起_おこす　　➡ ＿＿＿＿＿＿＿＿　　② 見_みる　　➡ ＿＿＿＿＿＿＿＿

③ 聞_きく　　➡ ＿＿＿＿＿＿＿＿　　④ 読_よむ　　➡ ＿＿＿＿＿＿＿＿

⑤ 決_きめる　　➡ ＿＿＿＿＿＿＿＿　　⑥ 泣_なく　　➡ ＿＿＿＿＿＿＿＿

⑦ 話_{はな}しかける　　➡ ＿＿＿＿＿＿＿＿　　⑧ 喜_{よろこ}ぶ　　➡ ＿＿＿＿＿＿＿＿

⑨ 踏_ふむ　　➡ ＿＿＿＿＿＿＿＿　　⑩ 降_ふる　　➡ ＿＿＿＿＿＿＿＿

⑪ 待_またす　　➡ ＿＿＿＿＿＿＿＿　　⑫ 感_{かん}じる　　➡ ＿＿＿＿＿＿＿＿

⑬ 敬_{うやま}う　　➡ ＿＿＿＿＿＿＿＿　　⑭ 思_{おも}う　　➡ ＿＿＿＿＿＿＿＿

연습문제

⑮ 離れる   ➡ _____   ⑯ 帰る   ➡ _____

⑰ 開く   ➡ _____   ⑱ 出す   ➡ _____

⑲ 来る   ➡ _____   ⑳ する   ➡ _____

5 주어진 문장을 보기처럼 수동표현으로 만들어 보세요.

> 보기
>
> 先生が田中さんをほめる。   *ほめる 칭찬하다
> ➡ 田中さんが先生にほめられました。
>
> 猫が田中さんの足をかむ。   *かむ 물다
> ➡ 田中さんが猫にかまれました。
>
> 父が死ぬ。   *死ぬ 죽다
> ➡ 父に死なれました。

① 母が弟をしかる。

  ➡ _____

② 隣の人が(私の)足を踏む。

  ➡ _____

③ (仕事が忙しい時)同僚が休む。

  ➡ _____

④ 甥と姪が話しかける。

➡ _____

⑤ 朝早く甥と姪が起こす。

➡ _____

6 다음을 일본어로 작문하세요.

① 하루의 피로가 단숨에 풀린 느낌이 들었습니다.

➡ _____

② 유원지의 모든 놀이가구를 한눈에 볼 수 있었습니다.

➡ _____

③ 연령적으로도 언제까지 함께 있을 수 있을지 모릅니다.

➡ _____

④ 평소에는 좀처럼 전할 수 없는 감사의 마음을 전합시다.

➡ _____

⑤ 기다리고 있는 동안에 앞 사람에게 발을 밟히기도 했습니다.

➡ _____

1 기본 학습을 바탕으로 하루 일과를 써 보세요.

2 심화 학습을 바탕으로 어버이날에 대해 써 보세요.

サラリーマンの一日

① ～せる・させる

기본 학습 어휘

□ 居酒屋 _{いざかや} 선술집
□ 会議 _{かいぎ} 회의
□ 会議録 _{かいぎろく} 회의록
□ 気分転換 _{きぶんてんかん} 기분전환
□ 休憩 _{きゅうけい} 휴식
□ 健康 _{けんこう} 건강
□ 検討 _{けんとう} 검토
□ 作成 _{さくせい} 작성
□ 残業 _{ざんぎょう} 잔업, 야근
□ 社員 _{しゃいん} 사원
□ 社員食堂 _{しゃいんしょくどう} 사원식당
□ 終業 _{しゅうぎょう} 종업, (그날의) 일을 마침
□ 書類 _{しょるい} 서류
□ 外回り _{そとまわ} 외근
□ 昼食 _{ちゅうしょく} 점심식사, 점심밥
□ 朝食 _{ちょうしょく} 아침식사, 아침밥
□ 定食 _{ていしょく} 정식
□ 同僚 _{どうりょう} 동료
□ 日替わり _{ひが} 매일 바뀜

□ 部下 _{ぶか} 부하
□ 用意 _{ようい} 준비
□ 来客 _{らいきゃく} 손님, 내객

□ だいたい 대체로

□ たまに 가끔

□ ほとんど 거의

□ 無理やり _{むり} 억지로

□ 肩がこる _{かた} 어깨가 결리다/뻐근하다
□ 気を使う _{きつか} 신경을 쓰다

□ グチ(愚痴) _{ぐち} 푸념, 불만

□ コーヒー 커피

□ ストレッチ 스트레칭

□ パン 빵

□ メニュー 메뉴

□ ～で済ませる _す ～(으)로 끝내다/해결하다

Track 10-01

　私はいつも6時に起きて、7時ごろ朝食を食べます。朝食はパンとコーヒーで済ませますが、寝すぎた時は朝食を食べずに家を出ることもあります。会社での一日は9時から始まります。朝の会議を終え、部下に会議録を作成させます。その後、書類を検討したり、来客と話したり、外回りをしたりします。昼食は社員食堂で食べます。食堂では日替わりの定食が用意されています。健康に気を使ったメニューで、社員にとても評判がいいです。午後3時になると短い休憩時間があります。座ったままで仕事をすると肩がこるので、休憩時間にはストレッチをしたりコーヒーを飲んだりします。終業は6時ですが、仕事が多くて6時に帰られることはほとんどありません。だいたい残業をして、7時ごろに会社を出ます。残業の後、同僚に無理やり居酒屋に連れて行かれ、お酒を飲ませられることもあります。同僚からグチを聞かせられるのは疲れますが、たまに飲みに行くのは気分転換にもなります。

심화 학습 어휘

□ 意見 의견
（いけん）

□ 打ち合わせ 타협, 협의, 회의
（うあ）

□ 確認 확인
（かくにん）

□ 言葉使い 말투, 말씨
（ことばづかい）

□ 指示 지시
（しじ）

□ 出勤 출근
（しゅっきん）

□ 冗談 농담
（じょうだん）

□ 職場 직장
（しょくば）

□ 人格 인격
（じんかく）

□ 真剣 진지
（しんけん）

□ 心配 걱정, 염려
（しんぱい）

□ 早退 조퇴
（そうたい）

□ 尊敬 존경
（そんけい）

□ 尊重 존중
（そんちょう）

□ 調子 상태
（ちょうし）

□ 丁寧 정중함, 친절함
（ていねい）

□ 的確 적확, 꼭 들어맞음
（てきかく）

□ 必要 필요
（ひつよう）

□ 部下 부하
（ぶか）

□ 部長 부장(님)
（ぶちょう）

□ なるべく 되도록, 가급적

□ 残る 남다
（のこ）

□ 褒める 칭찬하다
（ほ）

□ 任せる 맡기다
（まか）

□ チェック 체크

□ メール 메일

□ ～に応じて ～에 응해, ～에 따라
（おう）

Track 10-02

山田部長は人格がよくて、みんなに尊敬されています。いつも出勤時間の1時間前から会社に来て、書類をチェックしたり、会社のメールを確認したりします。部下にも親切で、仕事を任せる時も丁寧な言葉使いで的確に指示してくれます。以前の職場では、毎日のように残業させられましたが、山田部長はなるべく残業をさせないようにしています。仕事が多すぎる時は、残業することもありますが、部長も最後まで会社に残って仕事をします。また、部下のいいところを見逃さずに褒めてくれます。それに、冗談を言ったりして社員を笑わせます。打ち合わせをする時は、部下の意見も尊重して真剣に聞いてくれて、必要に応じてアドバイスもしてくれます。部下の調子が悪い時には、家族のように心配してくれて、部下が仕事を残したまま早退した時には、部下の代わりに仕事をすることもあります。

포인트 정리

～ず(に) ～(하)지 않고

▷ **동사의 ない형에 접속**

「する」는 「せず」로 표현하며, 구어체로 「～ないで」가 사용된다.

<ruby>朝食<rt>ちょうしょく</rt></ruby>を<ruby>食<rt>た</rt></ruby>べずに<ruby>家<rt>いえ</rt></ruby>を<ruby>出<rt>で</rt></ruby>ることもあります。
아침밥을 먹지 않고 집을 나올 때도 있습니다.

<ruby>部下<rt>ぶか</rt></ruby>のいいところを<ruby>見逃<rt>みのが</rt></ruby>さずに<ruby>褒<rt>ほ</rt></ruby>めてくれます。
부하의 좋은 점을 놓치지 않고 칭찬해 줍니다.

～すぎる 지나치게 ～하다

▷ **동사의 ます형에 접속**

▷ **형용사의 어간에 접속**

<ruby>仕事<rt>しごと</rt></ruby>が<ruby>多<rt>おお</rt></ruby>すぎる<ruby>時<rt>とき</rt></ruby>は、<ruby>残業<rt>ざんぎょう</rt></ruby>することもあります。
일이 너무 많을 때는 잔업하는 경우도 있습니다.

<ruby>寝<rt>ね</rt></ruby>すぎた<ruby>時<rt>とき</rt></ruby>は<ruby>朝食<rt>ちょうしょく</rt></ruby>を<ruby>食<rt>た</rt></ruby>べずに<ruby>家<rt>いえ</rt></ruby>を<ruby>出<rt>で</rt></ruby>ることもあります。
늦잠을 잤을 때는 아침밥을 먹지 않고 집을 나올 때도 있습니다.

～まま ～채, ～대로

▷ **た형・ない형에 접속**

▷ **형용사의 연체형에 접속**

▷ **명사＋の에 접속**

<ruby>座<rt>すわ</rt></ruby>ったままで<ruby>仕事<rt>しごと</rt></ruby>をすると<ruby>肩<rt>かた</rt></ruby>がこります。 앉은 채로 일을 하면 어깨가 결립니다.

<ruby>部下<rt>ぶか</rt></ruby>が<ruby>仕事<rt>しごと</rt></ruby>を<ruby>残<rt>のこ</rt></ruby>したまま<ruby>早退<rt>そうたい</rt></ruby>しました。 부하가 일을 남긴 채 조퇴했습니다.

~(さ)せる ~(하)게 하다

사역(使役) 표현은 남에게 어떤 동작을 하도록 하는 것을 나타낸다.

품사	접속 방법	활용 예
1그룹동사 (5단동사)	「ウ」단을 「ア」단으로 바꾸고 「せる」를 접속	行_いく → 行_いかせる 飲_のむ → 飲_のませる
2그룹동사 (1단동사)	「る」를 없애고 「させる」를 접속	見_みる → 見_みさせる 食_たべる → 食_たべさせる
3그룹동사 (변격동사)	불규칙적으로 활용	来_くる → 来_こさせる する → させる

*주의 : 「~う」로 끝난 경우에는 「あ」가 아니라 「わ」로 바꾸고 「せる」를 접속한다.
言_いう → 言_いわせる 笑_{わら}う → 笑_{わら}わせる

部下_{ぶか}に書類_{しょるい}を作成_{さくせい}させたりします。 부하에게 서류를 작성시키거나 합니다.

▶ 사역표현 만들기

社員_{しゃいん}が笑_{わら}う。 사원이 웃다. [部長_{ぶちょう} 부장님]

➡ 部長_{ぶちょう}が社員_{しゃいん}を笑_{わら}わせる。 부장님이 사원을 웃기다.

　Tip : (원래 문장에 없던) 시키는 사람을 주어로 한다.
　　　 원래 문장에 있던 주어의 격을 「を」나 「に」로 바꾼다.
　　　 동사를 사역형으로 만든다.

部下_{ぶか}が会議録_{かいぎろく}を作成_{さくせい}する。 부하가 회의록을 작성하다. [部長_{ぶちょう} 부장님]

➡ 部長_{ぶちょう}が部下_{ぶか}に会議録_{かいぎろく}を作成_{さくせい}させる。 부장님이 부하에게 회의록을 작성시키다.

　Tip : (원래 문장에 없던) 시키는 사람을 주어로 한다.
　　　 원래 문장에 있던 주어의 격을 「に」로 바꾼다.
　　　 (원래 문장의 「を」는 그대로) 동사를 사역형으로 만든다.

~(さ)せられる ~(하)게 되다, 마지못해(어쩔 수 없이) ~하다

사역수동표현은 사역형「させる」와 수동형「られる」가 결합된 것으로, 본인의 의사와 관계 없이 다른 사람이나 상황에 의해 강요받아 어쩔 수 없이 강요받은 동작을 하게 되었을 때 사용 한다.

품사	접속 방법	활용 예
1그룹동사 (5단동사)	「ウ단」을「ア단」으로 바꾸고 「せられる」를 접속	行く → 行かせられる 飲む → 飲ませられる
2그룹동사 (1단동사)	「る」를 없애고 「させられる」를 접속	見る → 見させられる 食べる → 食べさせられる
3그룹동사 (변격동사)	불규칙적으로 활용	来る → 来させられる する → させられる

*주의 :「~う」로 끝난 경우에는「あ」가 아니라「わ」로 바꾸고「せられる」를 접속한다.
言う → 言わせられる 笑う → 笑わせられる

居酒屋で同僚からグチを聞かせられるのは疲れます。
선술집에서 동료의 푸념을 듣는 것은 피곤합니다.

無理やり居酒屋に連れて行かれ、お酒を飲ませられることもあります。
억지로 선술집에 끌려가 술을 마지못해 마시게 되는 경우도 있습니다.

(さ)す 사역표현

▷ 1그룹동사의「せる」, 2・3그룹동사의「させる」대신, 1그룹동사에는「す」, 2・3그룹동사에는「さす」로 사역표현을 나타내기도 한다.

飲ませる　→　飲ます

食べさせる　→　食べさす

来させる　→　来さす

○○させる　→　○○さす

▷ 원래는 고어의 사역조동사「(さ)す」가 접속된 것이지만, 현대어에서는 1그룹동사로 다루고 있다.

書かす、待たす、生かす、伸ばす …

사역수수

▷「～させていただきます」

'상대의 허가를 받아서'라는 뉘앙스와 자신의 행동을 겸손하게 표현하기 위한 것으로 '～하겠습니다'의 의미에 해당된다.

これで終わらせていただきます。 이것으로 끝내겠습니다.

▷「～させてもらえますか」「～させていただけますか」

「～させてもらえませんか」「～させていただけませんか」

상대에게 겸손히 허가를 구하는 표현으로 '～해도 되겠습니까?'의 의미에 해당된다.

早く帰らせていただけませんか。 빨리 집에 가도 되겠습니까?

1 다음의 단어를 히라가나로 쓰세요.

① 出勤　（　　　　　　　）　② 人格　　（　　　　　　　）

③ 朝食　（　　　　　　　）　④ 日替わり　（　　　　　　　）

⑤ 外回り（　　　　　　　）　⑥ 打ち合わせ（　　　　　　　）

⑦ 残る　（　　　　　　　）　⑧ 済ます　（　　　　　　　）

⑨ 褒める（　　　　　　　）　⑩ 任せる　（　　　　　　　）

2 다음의 한자에 알맞은 단어를 연결하세요.

① 休憩　•　　　　　　　　•　Ⓐ しじ

② 来客　•　　　　　　　　•　Ⓑ しんけん

③ 丁寧　•　　　　　　　　•　Ⓒ そんけい

④ 的確　•　　　　　　　　•　Ⓓ ていねい

⑤ 昼食　•　　　　　　　　•　Ⓔ てきかく

⑥ 指示　•　　　　　　　　•　Ⓕ てんかん

⑦ 尊敬　•　　　　　　　　•　Ⓖ いざかや

⑧ 真剣　•　　　　　　　　•　Ⓗ らいきゃく

⑨ 転換　•　　　　　　　　•　Ⓘ きゅうけい

⑩ 居酒屋　•　　　　　　　•　Ⓙ ちゅうしょく

3 보기 안에서 알맞은 표현을 골라 (   ) 안에 넣으세요.

> **보기**
>
> で　　　では　　　なるべく　　　に　　　無理やり

① 朝食はパンとコーヒー（　　　　　）済ませます。

② 山田部長は（　　　　　）残業もさせないようにしています。

③ 残業の後、同僚に（　　　　　）居酒屋に連れて行かれます。

④ 以前の職場（　　　　　）、毎日のように残業させられました。

⑤ 山田部長は人格がよくて、みんな（　　　　　）尊敬されています。

4 다음의 동사에 대해 「せる・させる」를 접속하세요.

① 飲む　➡ ＿＿＿＿＿＿＿　　② 待つ　➡ ＿＿＿＿＿＿＿

③ 聞く　➡ ＿＿＿＿＿＿＿　　④ 読む　➡ ＿＿＿＿＿＿＿

⑤ 終わる　➡ ＿＿＿＿＿＿＿　　⑥ 泣く　➡ ＿＿＿＿＿＿＿

⑦ 笑う　➡ ＿＿＿＿＿＿＿　　⑧ 歩く　➡ ＿＿＿＿＿＿＿

⑨ 踏む　➡ ＿＿＿＿＿＿＿　　⑩ 起こる　➡ ＿＿＿＿＿＿＿

⑪ 行く　➡ ＿＿＿＿＿＿＿　　⑫ 投げる　➡ ＿＿＿＿＿＿＿

⑬ 言う　➡ ＿＿＿＿＿＿＿　　⑭ 食べる　➡ ＿＿＿＿＿＿＿

⑮ いる ➡ ＿＿＿＿＿＿＿　⑯ 帰<small>かえ</small>る ➡ ＿＿＿＿＿＿＿

⑰ 合<small>あ</small>う ➡ ＿＿＿＿＿＿＿　⑱ 出<small>だ</small>す ➡ ＿＿＿＿＿＿＿

⑲ 来<small>く</small>る ➡ ＿＿＿＿＿＿＿　⑳ する ➡ ＿＿＿＿＿＿＿

5 주어진 상황에 맞게 사역표현 문장을 만들어 보세요.

> **보기**
> 花子<small>はなこ</small>が泣<small>な</small>く。 ➡ 母<small>はは</small>が花子<small>はなこ</small>を泣<small>な</small>かせた。
> 花子<small>はなこ</small>がご飯<small>はん</small>を食<small>た</small>べる。 ➡ 母<small>はは</small>が花子<small>はなこ</small>にご飯<small>はん</small>を食<small>た</small>べさせた。

① 社員<small>しゃいん</small>が笑<small>わら</small>う。

　➡ 部長<small>ぶちょう</small>が＿＿＿＿＿＿＿＿＿＿＿＿＿＿＿＿＿＿＿

② 花子<small>はなこ</small>が掃除<small>そうじ</small>をする。

　➡ 母<small>はは</small>が＿＿＿＿＿＿＿＿＿＿＿＿＿＿＿＿＿＿＿＿

③ 先生<small>せんせい</small>が困<small>こま</small>る。

　➡ 学生<small>がくせい</small>が＿＿＿＿＿＿＿＿＿＿＿＿＿＿＿＿＿＿

④ 花子<small>はなこ</small>が学校<small>がっこう</small>に行<small>い</small>く。

　➡ 母<small>はは</small>が＿＿＿＿＿＿＿＿＿＿＿＿＿＿＿＿＿＿＿＿

⑤ 花子が学校に来る。

　➡ 先生が _____

⑥ 部下がお酒を飲む。

　➡ 部長が _____

⑦ 部下が書類を検討する。

　➡ 部長が _____

⑧ 部下が会議録を作成する。

　➡ 部長が _____

6 주어진 상황에 맞게 사역수동표현 문장을 만들어 보세요.

> **보기**
> 習字を習う。 ➡ 母に習字を習わせられた。

*習字 습자 習う 배우다

① (私は)グチを聞く。

　➡ 同僚に _____

② お酒をやめる。

　➡ 母に _____

③ (私は)残業する。

→ 部長に _____

④ (私は)お酒を飲む。

→ 同僚に _____

7 다음을 일본어로 작문하세요.

① 잔업 후, 동료에게 억지로 선술집에 끌려갔습니다.

→ _____

② 아침 회의를 마치고 부하에게 회의록을 작성시킵니다.

→ _____

③ 부하의 몸 상태가 나쁠 때에는 가족처럼 걱정해 줍니다.

→ _____

④ 식당에서는 매일 바뀌는 오늘의 정식이 준비되어 있습니다.

→ _____

⑤ 야마다 부장님은 인격이 좋아서 모두에게 존경받고 있습니다.

→ _____

1. 엄마가 내게 하고 싶지 않았던 일을 시켰던 것에 대해 써 보세요.

2. 부모·선배·교사의 입장에서, 아이·후배·학생에게 시킬 일을 써 보세요.

日本の敬語

① 존경표현

② 겸양표현

기본 학습 어휘

□ <ruby>内側<rt>うちがわ</rt></ruby> 내측, 안쪽

□ <ruby>恩師<rt>おんし</rt></ruby> 은사

□ <ruby>切符<rt>きっぷ</rt></ruby> 표

□ <ruby>自宅<rt>じたく</rt></ruby> 자택

□ <ruby>質問<rt>しつもん</rt></ruby> 질문

□ <ruby>車掌<rt>しゃしょう</rt></ruby> 차장

□ <ruby>乗車<rt>じょうしゃ</rt></ruby> 승차

□ <ruby>招待<rt>しょうたい</rt></ruby> 초대

□ <ruby>大学時代<rt>だいがくじだい</rt></ruby> 대학 시절

□ <ruby>注文<rt>ちゅうもん</rt></ruby> 주문

□ <ruby>到着<rt>とうちゃく</rt></ruby> 도착

□ <ruby>途中<rt>とちゅう</rt></ruby> 도중

□ <ruby>特急電車<rt>とっきゅうでんしゃ</rt></ruby> 특급전철

□ <ruby>拝見<rt>はいけん</rt></ruby> 배견, 삼가 봄

□ <ruby>奥<rt>おく</rt></ruby>が<ruby>深<rt>ふか</rt></ruby>い 속이 깊다

□ <ruby>黄色<rt>きいろ</rt></ruby>い 노랗다

□ とても 매우

□ <ruby>伺<rt>うかが</rt></ruby>う 「<ruby>訪問<rt>ほうもん</rt></ruby>する(방문하다)」의 겸양표현

□ かかる (시간이) 걸리다

□ <ruby>気<rt>き</rt></ruby>にかかる 마음에 걸리다

□ ご<ruby>覧<rt>らん</rt></ruby>になる 「<ruby>見<rt>み</rt></ruby>る(보다)」의 존경표현

□ <ruby>向<rt>む</rt></ruby>かう 향하다

□ <ruby>迎<rt>むか</rt></ruby>える 맞이하다

□ アナウンス 방송

□ カフェ 카페

□ コーヒー 커피

□ バイト<ruby>敬語<rt>けいご</rt></ruby> 아르바이트경어

□ ブラック 블랙

□ メニュー 메뉴

大学時代の恩師に会いに、日本へ行こうと思いました。連絡を差し上げると、大変喜んでくださり、私を自宅に招待してくださいました。先生のご自宅にお伺いするには電車で行かなければなりません。駅に着き、電車を待っていると、「黄色い線の内側でお待ちください。」というアナウンスがあって、特急電車が到着しました。電車に乗って駅に向かう途中、車掌さんが来て、「本日はご乗車ありがとうございます。切符を拝見させていただきます。」と言いました。駅に到着すると、先生が私を迎えてくださり、家に行く前にカフェに連れていってくださいました。コーヒーを2つ注文すると、店員は「少し時間がかかりますので、お席までお持ちいたします。」と言いました。店員の「メニューをご覧になられますか。」だとか、「ブラックでよろしかったでしょうか。」だとか、「150円になります。」といった話し方が気にかかり、先生に質問すると、バイト敬語というものがあると教えてくださいました。敬語は奥が深くて、とても難しいです。

□ **案件**〔あんけん〕 안건

□ **謁見**〔えっけん〕 알현

□ **大奥**〔おおおく〕 오오쿠,「将軍(장군)」의 부인이나 하녀
가 거처하던 곳, 궁궐 안 깊숙한 곳

□ **お殿様**〔とのさま〕 영주님

□ **決裁**〔けっさい〕 결재

□ **公務**〔こうむ〕 공무

□ **小姓**〔こしょう〕 귀인의 시중을 드는 소년, 시동

□ **将棋**〔しょうぎ〕 장기

□ **乗馬**〔じょうば〕 승마

□ **大名**〔だいみょう〕 다이묘, 넓은 영지를 가진 무사

□ **中奥**〔なかおく〕 나카오쿠,「将軍(장군)」이 기거하며 정무
를 보던 곳

□ **日課**〔にっか〕 일과

□ **入浴**〔にゅうよく〕 입욕

□ **袴**〔はかま〕 하카마, 일본의 전통의복 (하의)

□ **武芸**〔ぶげい〕 무예

□ **報告**〔ほうこく〕 보고

□ **面談**〔めんだん〕 면담

□ **紋付き**〔もんつき〕 가문(家紋)을 넣은 예복

□ **弓**〔ゆみ〕 활

□ **老中**〔ろうじゅう〕 로쥬,「将軍(장군)」직속의 정무를 맡은
사람

□ **おっしゃる**「言う(말하다)」〔い〕의 존경표현

□ **お召しになる**「着る(입다)」〔き〕의 존경표현

□ **泊まる**〔と〕 머무르다, 숙박하다

□ **召し上がる**「食べる(먹다)」〔め・あ・た〕의 존경표현

□ **申し上げる**「言う(말하다)」〔もう・あ・い〕의 겸양표현

□ **戻る**〔もど〕 되돌아오다

심화 학습 본문

＊殿様の一日＊

　お殿様の一日を報告申し上げます。お殿様は8時に朝食を召し上がりました。9時に紋付き袴をお召しになり、大奥に向かわれました。10時30分からは日課である武芸の時間で、本日は弓の練習をされました。昼食前に老中と面談され、いくつかの案件の決裁をされました。12時からは昼食のお時間でしたが、忙しいとおっしゃられ、召し上がりませんでした。その後、1時から西の大名の謁見がありました。4時ごろには全ての公務を終えられたので、乗馬を楽しまれました。その後、入浴のお時間でしたので、入浴を済まされました。夕食はお一人で召し上がり、夕食後には小姓を呼び、将棋を楽しまれました。7時には、再び大奥に向かわれましたが、本日は大奥に泊まられず中奥にお戻りになりました。お疲れだったのか、9時にはお休みになりました。

포인트 정리

특정 어휘로 나타나는 존경어

▶ いらっしゃる、おっしゃる、召し上がる…

忙しいとおっしゃいました。 바쁘다고 말씀하셨습니다.

朝食を召し上がりました。 아침식사를 드셨습니다.

お＋동사의 ます형＋になる　존경표현

紋付き袴をお召しになりました。 가문(家紋)이 있는 하카마를 입으셨습니다.

本日は大奥に泊まられず中奥にお戻りになりました。
오늘은 오오쿠에 머무르지 않고, 나카오쿠로 되돌아오셨습니다.

お＋동사의 ます형＋くださる　존경표현

黄色い線の内側でお待ちください。 노란 선 안쪽에서 기다려 주십시오.

かばんをお持ちください。 가방을 들어 주십시오.

ご案内をお読みください。 안내를 읽어 주십시오.

특정 어휘로 나타나는 겸양어

▶ 差し上げる、拝見する、申し上げる …

連絡を差し上げました。 연락을 드렸습니다.

お殿様の一日を報告申し上げます。 영주님의 하루를 보고 올립니다.

お＋동사의 ます형＋いたす(する) 겸양표현

2時に約束の場所までお送りいたしました。 2시에 약속 장소까지 모셔다 드렸습니다.

少し時間がかかりますので、お席までお持ちいたします。

조금 시간이 걸리므로, 자리까지 가져다 드리겠습니다.

～させていただく 겸양표현

切符を拝見させていただきます。 표를 (확인해) 보겠습니다.

報告させていただきます。 보고하겠습니다.

質問させていただきます。 질문하겠습니다

▷ 어휘가 바뀌는 경우

존경어	보통어	겸양어
	会_あう	お目_めにかかる
	与_{あた}える	さしあげる、あげる
おっしゃる	言_いう	申_{もう}す、申_{もう}し上_あげる
いらっしゃる、おいでになる	行_いく	参_{まい}る、うかがう
いらっしゃる、おいでになる、お越_こしになる	来_くる	参_{まい}る
いらっしゃる、おいでになる	いる	おる
おぼしめす	思_{おも}う	存_{ぞん}じる
召_めす、お召_めしになる	着_きる	
お耳_{みみ}に入_{はい}る	聞_きく	うかがう、うけたまわる、拝聴_{はいちょう}する
くださる	くれる	
ご存_{ぞん}じだ	知_しる	存_{ぞん}じる、存_{ぞん}じ上_あげる
なさる	する	いたす
召_めし上_あがる	食_たべる・飲_のむ	いただく
	たずねる	うかがう
ご覧_{らん}になる	見_みる	拝見_{はいけん}する
	もらう	いただく、ちょうだいする、たまわる
	読_よむ	拝読_{はいどく}する
	わかる	かしこまる、承知_{しょうち}する

▷ 「お」, 「ご」를 '동사의 ます형'이나 '동작성 명사'에 접속하여 나타내는 경우

존경표현	겸양표현
お(ご)~になる	お(ご)~する
お(ご)~なさる	お(ご)~いたす
お(ご)~です	お(ご)~申_{もう}し上_あげる
お(ご)~くださる	お(ご)~いただく
(ら)れる형을 활용한 존경 표현	

연습문제

1 다음의 단어를 히라가나로 쓰세요.

① 謁見 （　　　　　　　）　　② 敬語 （　　　　　　　　）

③ 大奥 （　　　　　　　）　　④ 中奥 （　　　　　　　　）

⑤ 小姓 （　　　　　　　）　　⑥ 武芸 （　　　　　　　　）

⑦ 入浴 （　　　　　　　）　　⑧ 乗馬 （　　　　　　　　）

⑨ 決裁 （　　　　　　　）　　⑩ 戻る （　　　　　　　　）

2 다음의 한자에 알맞은 단어를 연결하세요.

① 車掌 ・　　　　　　　　　　・Ⓐ おんし

② 招待 ・　　　　　　　　　　・Ⓑ じたく

③ 特急 ・　　　　　　　　　　・Ⓒ とちゅう

④ 老中 ・　　　　　　　　　　・Ⓓ はいけん

⑤ 殿様 ・　　　　　　　　　　・Ⓔ とのさま

⑥ 大名 ・　　　　　　　　　　・Ⓕ しょうたい

⑦ 途中 ・　　　　　　　　　　・Ⓖ とっきゅう

⑧ 自宅 ・　　　　　　　　　　・Ⓗ しゃしょう

⑨ 恩師 ・　　　　　　　　　　・Ⓘ ろうじゅう

⑩ 拝見 ・　　　　　　　　　　・Ⓙ だいみょう

3 다음의 동사에 대해 「お~になる」를 이용해 존경표현으로 고치세요.

> 보기
>
> 返す ➡ お返しになる

① 帰る ➡ _____

② 読む ➡ _____

③ 見る ➡ _____

④ 着る ➡ _____

⑤ 作る ➡ _____

4 다음의 동사에 대해 「お~する」를 이용해 겸양표현으로 고치세요.

> 보기
>
> 呼ぶ ➡ お呼びする

① 持つ ➡ _____

② 作る ➡ _____

③ 送る ➡ _____

④ 書く ➡ _____

⑤ 話す ➡ _____

5 보기에서 제시된 관계와 같이 빈칸을 채우세요.

	겸양어	보통어	존경어
보기	まいる	行く	いらっしゃる
①		する	
②		いる	
③		言う	
④		食べる	
⑤		会う	

6 다음의 문장을 [ ] 표현에 맞게 고치세요.

① 椅子に座る。[존경표현]

　➡ _____

② 校長先生が呼ぶ。[존경표현]

　➡ _____

③ 今日はスーツを着る。[존경표현]

　➡ _____

④ 教科書を声に出して読む。[존경표현]

　➡ _____

⑤ 朝ごはんに焼き魚を食べる。[존경표현]

   ➡ _____

⑥ カバンを持つ。[겸양표현]

   ➡ _____

⑦ 左手で字を書く。[겸양표현]

   ➡ _____

⑧ 毎朝料理を作る。[겸양표현]

   ➡ _____

⑨ 朝起きて学校に行く。[겸양표현]

   ➡ _____

⑩ 誕生日のプレゼントをあげる。[겸양표현]

   ➡ _____

7 다음을 일본어로 작문하세요.

① 가문이 있는 하카마를 입으시고 오오쿠로 가셨습니다.

　➡ _____

② 로쥬와 면담하시고, 몇 가지 안건의 결재를 하셨습니다.

　➡ _____

③ 차장이 와서 '표를 (확인해) 보겠습니다.'라고 말했습니다.

　➡ _____

④ '노란 선 안쪽에서 기다려 주십시오.'라는 방송이 있었습니다.

　➡ _____

⑤ 선생님께 질문하자 아르바이트경어라는 것이 있다고 가르쳐 주셨습니다.

　➡ _____

1 일본의 경어를 이용해서 실버세대의 인물을 소개해 보세요.

2 일본의 경어를 이용해서 손님과 점원의 대화를 만들어 보세요.

手紙

12과

① 편지쓰기

□ **敬具** けいぐ 경구, 편지의 결어

□ **故郷** こきょう 고향

□ **自愛** じあい 자애, 몸조심함

□ **書中** しょちゅう 서중, 편지

□ **体調** たいちょう 몸의 상태, 컨디션

□ **転勤** てんきん 전근

□ **拝啓** はいけい 배계, 근계, 편지 서두에 쓰는 말

□ **初雪** はつゆき 첫눈

□ **久しぶり** ひさ 오래간만

□ **懐かしい** なつ 그립다

□ **結構だ** けっこう 훌륭하다, 좋다

□ **一段と** いちだん 한층, 더욱

□ **くれぐれ** 부디, 아무쪼록

□ **通う** かよ 다니다

□ **崩す** くず 흐트러지다, 헐다

□ **住み慣れる** すな 오래 살아 정들다

□ **慣れる** な 익숙하다

□ **ニュース** 뉴스

기본 학습 본문

〇〇〇〇様

拝啓

初雪のニュースが聞かれる季節となりました。いかがお過ごしでしょ

うか。先日は結構なものをいただき、ありがとうございました。

このたび私は故郷の東京へ転勤となり、住み慣れた町で暮らせるよう

になりました。久しぶりの故郷での生活は、懐かしいながらもどこか

新鮮で、毎日楽しく過しております。子供たちも新しい学校にも慣

れ、毎日元気に学校に通っています。一度遊びに来てください。

久々のご挨拶とお礼を書中にて失礼いたします。これから寒さも一段

と厳しくなりますが、体調を崩されませんように、くれぐれもご自愛

くださいませ。

敬具

令和〇〇年〇〇月〇〇日

〇〇〇〇

□ **研究成果** 연구 성과
けんきゅうせい か

□ **口頭** 구두
こうとう

□ **後輩** 후배
こうはい

□ **今度** 이번, 이다음
こん ど

□ **時期** 시기
じ き

□ **指導** 지도
し どう

□ **先輩** 선배
せんぱい

□ **追伸** 추신
ついしん

□ **努力** 노력
ど りょく

□ **目標** 목표
もくひょう

□ **あげる** (성과를) 올리다

□ **頑張る** 힘내다, 노력하다
がん ば

□ **締めくくる** 매듭 짓다, 결말 짓다
し

□ **臨む** 임하다
のぞ

□ **膨らむ** 부풀다, 부풀어 오르다
ふく

□ **伝えきれない** 다 전할 수 없다
つた

□ **格好良い** 멋지다
かっこう い

□ **おしゃれだ** 멋지다, 예쁘다

□ **丁寧だ** 친절하다, 정중하다, 자상하다
ていねい

□ **もっと** 더, 더욱, 한층

심화 학습 본문

○○○○先輩

拝啓

早いもので今年も締めくくりの時期となりました。

新しい生活に胸を膨らませながら入学式に臨んだ日のことが、昨日の

ことのように感じられます。何も分からない私に何から何まで丁寧に

教えてくださってありがとうございました。先輩への感謝の気持ちを

口頭では伝えきれないので、手紙を書いてみました。いつも後輩達を

気づかい、優しく接してくださり、ありがとうございます。研究にお

いても、誰よりも真剣に努力する姿は本当に格好良くて、とても尊敬

しています。先輩はいつまでも私の目標です。またご迷惑をおかけす

るかもしれませんが、もっと研究成果をあげられるように頑張ります。

来年もご指導のほど、よろしくお願いいたします。

感謝を込めて

敬具

令和○○年○○月○○日

○○○○

포인트 정리

～にて ～로

久々のご挨拶とお礼を書中にて失礼いたします。
오랜만의 인사와 (감사의) 예를 편지로 (보내) 죄송합니다.

一段と 한층, 더욱

これから寒さも一段と厳しくなりますが、体調を崩されませんように、くれ
ぐれもご自愛くださいませ。
앞으로 추위도 한층 더 심해집니다만, 컨디션이 나빠지지 않도록 부디 몸조심해 주세요.

お・ご＋명사＋のほど ～해 주시길/하시길

来年もご指導のほど、よろしくお願いいたします。
내년에도 지도해 주시길 잘 부탁드립니다.

内容をご確認のほど、よろしくお願いいたします。 내용을 확인해 주시길 바랍니다.

～きれない 다 ～할 수 없다

▶ 동사의 ます형에 접속

先輩への感謝の気持ちを口頭では伝えきれないので、手紙を書いてみました。
선배에 대한 감사의 마음을 말로는 다 전할 수 없어서 편지를 써 보았습니다.

高くて手が出ないけど、あきらめきれない。 비싸서 손이 닿을 수 없지만, 포기할 수 없다.

手紙の書き方 편지 쓰는 법

①
前文
ぜんぶん

〇〇 〇〇様 〇〇 〇〇 님

拝啓 배계
はいけい

〇〇の候、お元気でお過ごしでしょうか。 〇〇의 계절, 건강하게 지내고 계시나요?
こう げん き   す

②
主文
しゅぶん

さて、このたびは〇〇〇をお贈りいただき、まことにありがとうござい
                                    おく
ました。 그런데, 이번에 〇〇를 보내주셔서 대단히 감사드립니다.

....
....

③
末文
まつぶん

厳しい暑さが続いておりますが、体調を崩されませんように、ご自愛くだ
きび あつ つづ   たいちょう くず   じ あい
さい。まずは、書中をもってお礼申し上げます。 무더위가 계속되고 있습니다만,
        しょちゅう   れいもう あ
건강을 해치지 않도록 부디 몸 조심해 주십시오. 우선 편지를 통해 안부인사 드립니다.

敬具 경구
けい ぐ

④
後付
あとづけ

令和 〇〇年 〇〇月 〇〇日 레이와 〇〇년 〇〇월 〇〇일
れい わ ねん   がつ   にち

〇〇 〇〇

⑤
副文
ふくぶん

追伸 近いうちにお会いしたいので、あらためて連絡します。
ついしん ちか   あ   れんらく
추신 빠른 시일 안에 뵙고 싶으므로, 다시 연락드리겠습니다.

---

① **前文** 받는 사람, 시작말(拝啓), 계절인사(季語)로 구성된다.
ぜんぶん   はいけい   き ご

② **主文** 도입어 「さて(그런데)」로 시작하는 경우가 많다.
しゅぶん

③ **末文** 마무리 인사, 맺음말(敬具)로 구성된다.
まつぶん   けい ぐ

④ **後付** 일시 「令和〇〇年〇月〇〇日」, 보내는 사람의 이름 「署名(서명)」
あとづけ   れい わ ねん がつ にち   しょめい

⑤ **副文** 추신(追伸)
ふくぶん   ついしん

하나 더 알고 지나가기

✳ 季語 계절 인사

각 계절의 특징을 나타내는 어휘와 함께 사용한다. 다음 제시된 계절 인사는 여러 인사 중의 하나이다.

	계절 표현
1월	初春の候 / 寒中お見舞い申しあげます。 신춘의 계절에 / 한중 문안 인사드리겠습니다.
2월	向春の候 / 余寒厳しい日が続いております。 봄을 맞이하는 계절에 / 남은 추위가 매서운 날이 계속되고 있습니다.
3월	早春の候 / だんだんと春めいてまいりました。 이른 봄의 계절에 / 점점 봄기운이 완연해졌습니다.
4월	春暖の候 / 春の日差しが心地よい季節になりました。 따뜻한 봄에 / 따스한 봄볕에 기분 좋은 계절이 되었습니다.
5월	若葉の候 / 若葉の緑が美しい季節になりました。 신록의 계절에 / 신록의 푸르름이 아름다운 계절이 되었습니다.
6월	初夏の候 / 初夏を迎え次第に夏めいてまいりました。 초여름 계절에 / 초여름을 맞이하여 점차 여름다워졌습니다.
7월	盛夏の候 / いよいよ本格的な夏が訪れました。 성하의 계절에 / 드디어 본격적인 여름이 찾아왔습니다.
8월	晩夏の候 / 毎日暑い日が続いております。 늦여름의 계절에 / 더운 날이 나날이 계속되고 있습니다.
9월	秋色の候 / 秋の訪れを感じる季節になりました。 가을빛이 완연한 계절에 / 가을 온 것을 느낄 수 있는 계절이 되었습니다.
10월	紅葉の候 / 朝夕は涼しさを感じる季節になりました。 단풍이 아름다운 시절에 / 아침저녁으로 선선함을 느끼는 계절이 되었습니다.
11월	深秋の候 / 寒さが日一日と深まってまいりました。 늦가을 계절에 / 추위가 나날이 깊어지고 있습니다.
12월	寒冷の候 / 今年も残りわずかとなりました。 추운 계절에 / 올해도 얼마 남지 않았습니다.

✳ 시작말과 맺음말(頭語 · 結語)

	頭語	結語
1.	拝啓 배계	敬具 경구
2.	前略 전략	早々 총총
3.	拝復 배복	敬具 경구

연습문제

1 다음의 단어를 히라가나로 쓰세요.

① 拝啓 ( ) ② 敬具 ( )

③ 丁寧 ( ) ④ 臨む ( )

⑤ 崩す ( ) ⑥ 慣れる ( )

⑦ 通う ( ) ⑧ 頑張る ( )

⑨ 膨らむ ( ) ⑩ 住み慣れる ( )

2 다음의 한자에 알맞은 단어를 연결하세요.

① 成果 •　　　　　　　　　　• Ⓐ じあい

② 自愛 •　　　　　　　　　　• Ⓑ せいか

③ 口頭 •　　　　　　　　　　• Ⓒ どりょく

④ 書中 •　　　　　　　　　　• Ⓓ けっこう

⑤ 努力 •　　　　　　　　　　• Ⓔ こうとう

⑥ 故郷 •　　　　　　　　　　• Ⓕ せんぱい

⑦ 初雪 •　　　　　　　　　　• Ⓖ こきょう

⑧ 結構 •　　　　　　　　　　• Ⓗ てんきん

⑨ 先輩 •　　　　　　　　　　• Ⓘ はつゆき

⑩ 転勤 •　　　　　　　　　　• Ⓙ しょちゅう

연습문제

3 보기 안에서 알맞은 표현을 골라 (　　) 안에 넣으세요.

> 보기
>
> に　　にて　　では　　ほど　　ように

① 胸を膨らませながら入学式（　　　　　）臨みました。

② もっと研究成果をあげられる（　　　　　）、頑張ります。

③ 久々のご挨拶とお礼を書中（　　　　　）失礼いたします。

④ 来年もご指導の（　　　　　）、よろしくお願いいたします。

⑤ 口頭（　　　　　）伝えきれないので、手紙を書いてみました。

4 다음을 일본어로 작문하세요.

① 정든 동네에서 살게 되었습니다.

→ _____

② 입학식에 임했던 날이 어제 일처럼 느껴집니다.

→ _____

③ 말로는 다 전할 수 없어서 편지를 써 보았습니다.

→ _____

④ 컨디션이 나빠지지 않도록 부디 몸조심해 주세요.

→ _____

⑤ 더욱 연구 성과를 올릴 수 있도록 노력하겠습니다.

→ _____

1 편지의 형식에 맞춰 편지를 써 보세요.

2 주변의 지인에게 보내는 엽서와 연하장을 만들어 보세요.

부 록

본문 해석

01과

기본 학습

일본 벚꽃의 계절은 3월 하순부터 5월 상순까지입니다. 오키나와에서 홋카이도에 걸쳐 벚꽃 전선을 타고 벚꽃이 피기 시작합니다. 사람들은 벚나무 아래에서 쉬기도 하고 도시락을 먹기도 합니다. 오늘은 친구와 꽃구경하러 왔습니다. 우리들은 방금 막 여기에 도착했습니다. 옆에 있는 사람들도 마침 도시락을 펼쳐서 먹고 있는 중이었습니다. 이곳은 강변의 벚꽃이 멋져서, 이를 한눈에 보려고 꽃구경하러 오는 사람도 많습니다. 주변의 포장마차에서는 여러 가지 음식을 팔고 있습니다. 눈앞에서는 포장마차의 아저씨가 야키소바를 만들려는 참인데, 마침 우리들도 배가 고파서 하나 주문했습니다. 여기저기서 커플의 모습도 보입니다. 주위의 눈도 신경 쓰지 않고 데이트를 즐기는 커플이 조금 부러웠습니다. 올해는 친구와 꽃구경을 하러 왔습니다만, 내년은 저도 커플로 오려고 합니다.

심화 학습

7월 중순부터 8월 하순까지 각지에서 여름 축제가 있습니다. 여름 축제에서 빼놓을 수 없는 것은 불꽃놀이입니다. 축제 규모 등에 따라 차이가 있습니다만, 낮은 여러 가지 이벤트가 있고, 밤에는 불꽃놀이가 시작됩니다. 이벤트 무대에서는 지금부터 댄스대회가 시작되려는 참입니다. 우리들은 댄스에는 흥미가 없어서, 불꽃놀이를 보기 위해서 자리를 잡고 있는 중입니다. 불꽃 소리는 생각보다 큽니다. 어릴 때에도 가족과 함께 온 적이 있습니다만, 뛰어다니며 놀던 중에 갑자기 불꽃이 솟아, 그 큰 소리에 놀란 적이 있습니다. 멀리서 바라보는 불꽃도 예쁘지만, 가까이에서 보는 불꽃은 텔레비전이나 사진에서 보는 것과는 비교가 안 될 정도로 박력이 있습니다. 하늘에서 쏟아지는 빛의 샤워는 매우 감동적입니다. 불꽃놀이는 전국 각지에서 행해지고 있기 때문에, 내년은 불꽃놀이 순례를 하려고 합니다.

02과

기본 학습

일본어에는 소리에 관한 표현이 많이 있습니다. 크게 나누면, '사물의 소리나 모습 등을 나타내는 표현'과 '동물이나 사람의 소리 등을 나타내는 표현'으로 나눌 수 있습니다. '사물의 소리를 나타내는 표현' 중에는 구급차 소리를 삐뽀삐뽀, 박수 소리를 짝짝, 현관 벨 소리를 딩동, 잔돈 소리를 짤랑짤랑 등이 있습니다. '동물이나 사람의 소리 등을 나타내는 소리'로는 소는 음매음매, 강아지는 멍멍, 고양이는 야옹야옹, 닭은 꼬끼오, 돼지는 꿀꿀 등이 있습니다. 사람의 소리로는 응애응애나 엉엉 등의 울음소리, 깔깔이나 킥킥 등의 웃는 소리 등이 있습니다. 소란스러울 때는 와글와글이나 왁자지껄, 작은 소리로 이야기할 때는 소곤소곤이나 소곤대는 등으로 표현할 수 있습니다. 이처럼 사물의 소리나 모양 등을 나타내는 표현을 의태어라고 하고, 동물이나 사람의 소리 등을 나타내는 표현을 의성어라고 합니다.

심화 학습

소리를 나타내는 표현 외에, 소리가 나지 않는 것을 상징적으로 나타내는 표현도 있습니다. 예를 들면 '사물의 모습', '사람의 모습', '마음 상태'를 나타내는 것 등을 예로 들 수 있습니다. 사물의 모습을 나타내는 표현에는 까칠까칠, 폭신폭신, 뻣뻣, 매끈매끈 등이 있습니다. 빛에 관한 표현에는 반짝반짝, 번쩍번쩍 등이 있습니다. 빛나는 대상에 따라 구분해서 사용해야 하기 때문에 주의가 필요합니다. 사람의 모습 가운데, 식사하는 모습을 나타내는 표현으로 와작와작, 덥석덥석, 꿀꺽꿀꺽 등이 있습니다. 이런 것들은 먹는 모습이나 입에 들어가는 것 등에 따라 표현 방법이 다릅니다. 마음 상태를 나타내는 표현으로는 두근두근, 끙끙, 안달복달, 조마조마, 안절부절, 두근두근 등 다양한 표현이 있습니다. 실제로 소리가 들리는 것은 아닙니다만,

마음 내면을 표현할 수 있고, 마음 상태나 상황에 따라 구분해서 사용합니다.

03 과

기본 학습

속담이란 긴 시간에 걸쳐 생긴 말로, 교훈이나 지식 등을 포함하고 있는 것이 많습니다. 그중에는 동물을 이용한 표현도 많이 있습니다. '원숭이도 나무에서 떨어진다'는 '아무리 뛰어난 사람이라도 때로는 실패하는 경우가 있다'라는 예입니다. '솔개가 매를 낳다(개천에서 용 난다)'는 '평범한 부모가 뛰어난 아이를 낳다'의 예입니다만, '개구리 자식은 개구리(그 아비에 그 아들)'는 '결국 아이는 부모를 닮는 법이다'라는 예입니다. 동물에 관한 표현뿐 아니라, 신체의 일부분을 이용한 표현도 있습니다. '벽에 귀 있고, 장지문에 눈 있다(밤말을 쥐가 듣고, 낮말을 새가 듣는다)'는 '설령 잘 숨겨도 비밀은 누설되기 쉬운 법이다'라는 예입니다. '눈은 입만큼 말한다'는 '설령 말로 이야기하지 않아도 눈짓으로 상대에 전한다'라는 것은 나타냅니다. 이처럼 속담의 의미나 교훈을 이해하고 실제로 사용하는 것으로, 일본어 표현의 폭을 넓힐 수 있습니다.

심화 학습

두 개 이상의 단어가 결합하여 어떤 특정한 의미를 나타내는 것을 관용구라고 합니다. 관용구는 신체 일부분을 이용한 표현이 많습니다. 예를 들면 지인이 많은 사람을 '얼굴이 넓다(발이 넓다)'라는 표현을 사용해서 나타냅니다. 이밖에도 '머리가 기민하다(머리가 잘 돌아가다)'는 머리 회전이 빠르고, 재빠르고 정확하게 답을 도출해 낼 때에 사용합니다. '배를 조여 매다'는 설령 어떤 결과가 되어도 받아들일 각오를 한다는 의미입니다. '다리를 잡아당기다(발목을 잡다)'는 동료의 성공이나 승리 등의 방해를 하거나 그럴 생각이 없었어도 결과적으로 방해가 되거나 할 때 사용합니다. 또 필요 없는 것이나 타인의 비밀까지 술술 말해 버리는 사람을 '입이 가볍다'라고 합니다. '입이 무겁다'라고 하는 표현도 있습니다만, 이것은 말수가 적거나 말이 없을 때 사용하는 표현입니다. '입이 가볍다'의 반대 의미를 갖는 표현으로는 '입이 단단하다'가 있습니다. 이것은 비밀을 확실히 지킬 수 있는 사람을 말합니다. 이처럼 관용구에는 여러 가지 표현이 있습니다만, 사용법을 틀리면 실례가 될 수 있음으로, 의미를 잘 이해한 후에 주의해서 사용해야 합니다.

04 과

기본 학습

옛날부터 신사는 서민 생활에 어우러져 왔습니다. 현재도 신사에서 결혼식을 하거나 합격이나 출산이나 안전 등의 기원을 하거나 합니다. (생애 첫) 신사 참배나 시치고산, 성인식과 같은 성장의 전환기에도 신사에 참배하러 갑니다. 새해에는 1년간의 평안을 빌기 위해 신사에 가서 참배(하쓰모우데)를 합니다. 신의 존재를 믿지 않으면서도 참배에는 다녀온다는 사람도 많습니다. 섣달그믐날에 신사에 가는 사람도 있습니다. 사람들은 한 해를 운 좋게 보낼 수 있을지 어떨지 확인하기 위해 신사에서 제비(점괘)를 뽑아 보기도 합니다. 제비는 크게 나누어 대길, 길, 흉 등이 있지만, 뽑은 제비가 흉일 때는 흉이 길로 바뀌도록 새끼줄에 제비를 묶어 둡니다. 또, 어려움에 직면했을 때 신사에 가는 사람도 있습니다. 신사에 가는 것으로 고민이 해결되는 것은 아니라고 알고 있으면서도 지푸라기라도 잡을 심정으로 신사에 갑니다. 이처럼 신사는 앞으로도 사람들과 공존해 갈 것이라고 생각합니다.

본문 해석

심화 학습

신사는 일본의 독특한 신앙이며, 신이 머무는 곳이기도 합니다. 신사 입구에는 '도리이'라고 하는 붉은 문이 있습니다. '도리이'를 지나서 가면 '조즈야'가 있습니다. 참배하기 전에 여기서 손을 씻고, 입을 헹구어 몸도 마음도 깨끗이 합니다. '배전(하이덴)' 앞에는 '새전함(사이센바코)'이 있고, 돈을 던져넣고 참배를 합니다. 금액은 인연(고엔)이 있도록 5엔(고엔)짜리 동전을 넣는 경우가 많습니다(반대로 10엔(도엔)은 먼 인연(도엔)이 되고, 인연이 멀어지게 되기 때문에, 하지 말아야 한다고 합니다). 새전은 금액이 중요하지 않다고 알고 있으면서도, 소원이 이루어지도록 많이 넣기도 합니다. 참배의 작법은 '두 번 절하고 두 번 손뼉을 치고 한 번 절하는 것'으로, 먼저 깊숙이 고개 숙여 인사를 두 번 하고, 그 뒤에 박수를 두 번 친 후, 소원을 담아 마음속으로 기도하고, 마지막에 다시 한번 깊숙이 고개 숙여 인사를 한 번 합니다. 한 해의 풍작을 위해, 쌀이나 떡을 공물로 해 가는 사람도 있습니다. 아기의 건강한 성장을 기원하기 위하여, 돈이나 공물을 준비해 오는 사람도 있습니다. 이루어질지 어떨지 모르는 소원이라도 참배해 보는 것으로 마음이 가벼워진다고도 합니다.

05 과

기본 학습

일본을 대표하는 전통 공예품의 하나로 칼이 있습니다. 낭비를 줄이고, 최고급의 기술과 품질로 잘 연마시킨 일본도는 해외에서도 인기가 많은 듯합니다. 만지는 것만으로 베일 것 같은 칼끝과 곡선의 아름다움은 일본도의 특징 중 하나입니다. 칼이라(는 소리를) 들으면 '무섭다', '위험하다'라고 생각하는 사람도 있지도 모릅니다. 그러나 칼은 현재, 부엌칼이나 나이프 등으로 형태를 바꾸어, 그 기술은 우리 주변에서 계속 살아가고 있습니다. 그 칼날의 느낌을 찾아 해외에서 프로 요리사가 일본을 방문하는 경우도 많은 것 같습니다. 그런데 지금은 칼뿐만 아니라 전통기술을 이어받을 후계자 육성이 꽤 어려운 듯합니다. 전통기술을 이어간다고 하는 것은 간단하지는 않을 것입니다. 지금, 최첨단에서 활약하는 장인들도 선대의 기술을 계승하기 위해, 피나는 노력을 했음에 틀림없습니다. 앞으로도 전통기술을 지키고, 전통 공예품을 후대에 전하기 위해서는 먼저 관심을 가지는 것이 중요합니다.

심화 학습

일본의 전통적인 공예품 중에서, 화지(일본 종이)만큼 사람들의 생활에 밀접하게 관련되어 있는 것은 없습니다. 장지나 맹장지, 종이접기 등은 유명하지만, 일본 지폐에 화지의 특징이 살아 있다는 것을 아는 사람은 그다지 없을지도 모릅니다. 화지는 언뜻 보기에 얇아서 바로 찢어질 것처럼 보입니다만, 가볍고 튼튼하고 오래가기 때문에, 생활 속의 다양한 장면에서 활약해 왔습니다. 현재는 포장 등에 사용하는 화지는 기계로 만드는 일이 많아진 듯합니다. 그러나 지금도 수공예 화지는 화지 장인이 수작업으로 만들고 있습니다. 또 최근에는 화지로 만든 가방이나 드레스나 청바지 같은 제품도 있습니다. 그것들은 직물처럼 세탁도 할 수 있는 듯합니다. 또한 가벼움도 호평입니다. 과학기술의 진보와 전통기술이 하나가 되어, 화지는 앞으로도 진화해 갈 것입니다. 세계가 인정하는 일본의 전통공예는 앞으로도 전통을 지키면서 새로운 것에 도전하고, 사람의 손에서 사람의 손으로 전해져 감에 틀림없습니다.

기본 학습

오타쿠란 애니메이션, 코스프레, 게임 등에 빠진 사람을 가리킵니다. '댁(宅, 다쿠)'이란 말은 원래 '집ㆍ거주지'를 의미하는 것이었습니다. 그 후 '댁(お宅, 오타쿠)'을 '당신'이라는 의미로 사용하게 되어, 자신의 취미 세계에 빠져 있는 사람들이 서로를 '오타쿠(당신)는~'이라고 부르기 시작하여, 그 뒤로 현재의 의미를 갖게 되었습니다. 오타쿠는 이전에는 어둡다는 둥 수수하다는 둥이라는 부정적인 이미지가 있었습니다. 그러나 최근에는 오타쿠에 대해 '자신의 세계를 가지고 있다'라든가 '특정 분야에 정통하다'라든가 '하나에 열중하고 있다'라는 점을 긍정적으로 생각하는 사람도 늘고 있는 것 같습니다. 이처럼 최근에는 많은 사람이 오타쿠를 취미의 연장, 대중문화의 하나라고 받아들이고 있습니다. 오타쿠와 히키코모리(은둔형 외톨이)가 같다고 생각하는 사람도 있습니다만, 히키코모리는 사회생활을 할 수 없는 부정적인 존재입니다. 한편 오타쿠는 오타쿠끼리의 커뮤니티도 있고, 언뜻 보는 것만으로는 오타쿠라고 알 수 없을 정도로, 사회에 녹아든 사람도 많이 있습니다.

심화 학습

일본에서는 어떤 스타일이나 취미를 공유해 활동하는 집단을 '~오타쿠', '~계', '~족' 등으로 부릅니다. 대표적인 것이 특정 분야에 빠진 '~오타쿠'입니다만, 그중에서도 '데쓰도(철도)오타쿠'는 유명합니다. '데쓰도오타쿠'를 생략해서 '데쓰오타'라고도 부릅니다. 연령은 아이부터 고령자까지 폭넓습니다. 또 데쓰오타에는 여러 가지 종류가 있습니다. 데쓰오타 중에는 사진을 찍는 것을 좋아하는 '도리테쓰'와 전철을 타는 것을 즐기는 '노리테쓰', 역의 도시락(에키벤토)을 좋아하는 '에키벤테쓰'도 있다고 합니다. 그뿐만 아니

라, 전철과 관련된 소리가 좋아서 소리를 녹음하는 '오토테쓰'도 있는 듯합니다. 진귀한 전철이 인기 있는 명소를 지날 때는 사진을 찍기 위해 전국에서 '도리테쓰'라는 데쓰오타가 모입니다. 좋은 위치에 카메라를 설치하기 위해서, 자리를 잡으려고 밤을 새는 경우도 있다고 합니다. 좋은 사진을 찍는 것에 열중한 나머지, 다른 승객이나 철도회사에 폐를 끼쳐, 사회 문제가 되는 경우도 있습니다.

기본 학습

일본에는 봄, 여름, 가을, 겨울의 사계절이 있습니다. 일본 기상청에서는 3월부터 5월을 '봄', 6월부터 8월을 '여름', 9월부터 11월을 '가을', 12월부터 2월을 '겨울'이라고 규정하고 있습니다. 각각의 계절은 특징이 있습니다. 봄이 되면, 새싹이 돋고 여기저기서 꽃이 피기 시작합니다. 봄이 끝나면 여름이 옵니다. 6월 상순부터 7월 중순에 걸쳐, 장마전선이 머물러 비 오는 날이 많아집니다. 그리고 장마가 끝나면, 매우 더워집니다. 가을이 되면 점점 시원해집니다. 가을은 쌀을 비롯해 고구마랑 배랑 감 등, 농작물의 수확기입니다. 겨울이 되면 추워지고, 눈이 내리는 곳도 있습니다. 눈이 쌓이면, 아이들은 눈사람을 만들거나 눈싸움을 하거나 합니다. 일본 여행할 예정이 있다면, 가 보고 싶은 계절을 생각한 후에 계획을 세우는 편이 좋을 것입니다.

심화 학습

이제 곧 겨울 방학입니다. 겨울 방학에 들어서면 일본에 놀러 갈 예정입니다. 목적지는 오키나와를 생각하고 있습니다. 일본 열도는 남북으로 세로로 긴 지형으로 되어 있기 때문에, 지역에 따라 기후가 다릅니다. 한겨울의 홋카이도에서는 영하의 날이 계속되고, 눈이 내리는 날도 많고, 1미터 이상의 눈이 쌓이는 경우도 있습니다. 한편, 오키

본문 해석

나와에서는 겨울에도 15도 이상의 날이 많다고 합니다. 그래서 추운 것이 싫다면, 오키나와에 가면 겨울에도 쾌적하게 여행을 즐길 수 있습니다. 일본은 여름이 되면 습도와 기온이 높아지고, 한여름이 되면 지역에 따라서는 35도를 넘는 무더운 날도 많아집니다. 그에 비하면, 홋카이도는 습도도 기온도 낮아서, 여름에도 지내기 쉽습니다. 이처럼, 여행을 갈 때에는 목적지의 기후 특징에 관해 알아 두는 편이 좋습니다. 이번에는 오키나와에 여행 가려고 생각하고 있습니다만, 여름에 여행한다면 홋카이도도 가 보고 싶습니다.

08 과

기본 학습

옆집에 이사 온 사람에게 이사 국수를 받았습니다. 이사 국수(소바)는 '옆(소바)으로 왔습니다'라는 의미를 담아 이웃에게 나누어 주는 것이라고 합니다. 일부러 선물을 가지고 인사하러 와 주셨기 때문에, 저도 감사의 마음을 전달하고 싶다고 생각했습니다. 이사 국수 등 이사 선물을 받았을 때에는 감사의 말만으로 된다고 들었습니다만, 저는 단지 감사의 말을 하는 것보다 선물로 답례를 하려고 생각했습니다. 그러나 받았다고 해서 바로 답례를 하는 것은 실례라고 들었습니다. 답례품을 전하는 타이밍도 중요하기 때문에, 10일 후 정도에 하려고 생각했습니다. 답례품으로 무엇을 주면 좋을까 고민한 끝에 친구에게 물어 보니 '세제나 과자를 주는 것은 어때?'라고 조언을 해 주었습니다. 제 나름대로 답례품을 고민한 끝에, 쿠키 세트를 전하기로 했습니다.

심화 학습

'우치이와이(内祝い)'란 본래 자기 집안의 경사를 기념으로 친한 사람에게 선물을 하는 것입니다. 우치이와이에는 결혼 축하, 출산 축하, 장수 축하, 신축 축하 등이 있습니다. 그러나 최근에는 축하와 병문안으로 선물을 받았을 때의 답례를 '우치이와이'라고 부르는 것이 일반적입니다. 일본에서는 다양한 인생의 전환기에 선물을 보내기 때문에, 우치이와이를 보낼 일도 많이 있습니다. 그렇다고 해서 받았던 것 모두에 답례를 할 필요는 없습니다. 시치고산, 입학·졸업 선물, 백중날, 연말 등은 답례를 하지 않은 쪽이 많습니다. 그러나 감사의 마음을 전하는 것은 중요합니다. 저도 예전에 친척 아이에게 선물을 사 줬을 때, 감사의 마음이 담긴 메시지 카드를 받고 매우 기뻤던 경험이 있습니다. 이처럼 뭔가를 받았다면, 축하 선물을 주신 분의 마음에 부응하도록 하면 좋다고 생각합니다.

09 과

기본 학습

오늘은 어린이날이었습니다. 저에게는 남자 조카와 여자 조카가 있습니다만, 지난달부터 어린이날에는 유원지에 데려가겠다고 약속했습니다. 그래서 약속한 대로 남자 조카와 여자 조카가 찾아와서 아침 일찍 잠을 깨웠습니다. 유원지에는 사람이 많이 있었습니다. 각각의 놀이기구 앞에도 많은 사람이 줄지어 있었습니다. 인기 있는 제트코스터 줄도 길었습니다. 타는 데 2시간이나 기다렸습니다. 게다가 기다리고 있는 동안에 앞 사람에게 발을 밟히기도 했습니다. 남자 조카와 여자 조카가 말을 걸어와도 주위가 시끄러워서 들리지 않았습니다. 유원지에서 온종일 놀고, 마지막에 관람차를 탔습니다. 관람차 위에서는 유원지의 모든 놀이기구를 한눈에 볼 수 있었습니다. 집에 돌아오고

나서, 남자 조카와 여자 조카에게 어린이날 선물을 주었습니다. 사람이 많은 장소에서 온종일 걸어 다녔던 탓인지, 너무 피곤해서 녹초였지만, 남자 조카와 여자 조카가 선물을 매우 기뻐해 줬기 때문에, 하루의 피로가 단숨에 풀린 느낌이 들었습니다.

심화 학습

일본에는 경로의 날이 있습니다. 경로의 날은 사회를 위해 힘써온 고령자를 공경하고, 장수를 경축하는 날입니다. '노인을 소중히 여기고, 나이 드신 분들의 지혜를 빌려 마을 만들기를 하자'라고 경로회를 열었던 것이 시작으로, 그것이 전국으로 퍼진 듯합니다. 예전에는 매년 9월 15일을 경로의 날로 하고 있었습니다. 그러나 해피 먼데이라는 연휴를 장려하는 제도로 9월 제3 월요일로 정해졌습니다. 경로의 날이 되면, 지역에서는 경로잔치 등도 열리는 것 같습니다. 또, 가족 모두 모여 식사를 하기도 합니다. 그러나 요즘은 조부모님과 떨어져 사는 사람이 많은 것 같습니다. 평소에는 부모님에게는 자주 연락을 해도, 조부모님에게는 좀처럼 연락을 하지 않는 사람도 있는 듯합니다. 그러니 경로의 날을 계기로 평소에는 좀처럼 전할 수 없는 감사의 마음을 전한다면 분명 기뻐하실 겁니다. 또, 조부모님은 연령적으로도 언제까지 함께 있을 수 있을지 모릅니다. 경로의 날을 계기로 조부모 효도를 해 보면 어떠신지요?

10 과

기본 학습

저는 항상 6시에 일어나서 7시쯤 아침밥을 먹습니다. 아침밥은 빵과 커피로 때웁니다만, 늦잠을 잤을 때는 아침밥을 먹지 않고 집을 나올 때도 있습니다. 회사에서의 하루는 9시부터 시작됩니다. 아침 회의를 마치고, 부하에게 회의록을 작성시킵니다. 그 후 서류를 검토하거나 손님과 이야기하거나 외근을 하거나 합니다. 점심은 사원식당에서 먹습니다. 식당에서는 매일 바뀌는 오늘의 정식이 준비되어 있습니다. 건강에 신경을 쓴 메뉴로 사원에게 매우 평판이 좋습니다. 오후 3시가 되면 짧은 휴식 시간이 있습니다. 앉은 채로 일을 하면 어깨가 결리기 때문에 쉬는 시간에는 스트레칭을 하거나 커피를 마시거나 합니다. 일이 끝나는 시간(종업)은 6시입니다만, 일이 많아서 6시에 귀가할 수 있는 경우는 거의 없습니다. 대게 잔업을 하고, 7시쯤 회사를 나갑니다. 잔업 후, 동료에게 억지로 선술집에 끌려가 술을 마지못해 마시게 되는 경우도 있습니다. 동료의 푸념을 듣는 것은 피곤합니다만, 가끔 술을 마시러 가는 것은 기분전환도 됩니다.

심화 학습

야마다 부장님은 인격이 좋아서 모두에게 존경받고 있습니다. 항상 출근 시간 1시간 전부터 회사에 와서, 서류를 체크하거나 회사 메일을 확인하거나 합니다. 부하에게도 친절하고, 일을 맡길 때도 정중한 말투로 적확하게 지시해 줍니다. 이전의 직장에서는 매일같이 잔업을 하게끔 강요받았지만, 야마다 부장님은 되도록 잔업을 시키지 않으려고 합니다. 일이 너무 많을 때는 잔업하는 경우도 있습니다만, 부장님도 마지막까지 회사에 남아서 일을 합니다. 또, 부하의 좋은 점을 놓치지 않고 칭찬해 줍니다. 게다가 농담을 하거나 해서 사원을 웃게 만듭니다. 미팅을 할 때는 부하의 의견도 존중하고 진지하게 들어 주고, 필요에 따라 조언도 해 줍니다. 부하의 몸 상태가 나쁠 때에는 가족처럼 걱정해 주고, 부하가 일을 남긴 채 조퇴했을 때에는 부하 대신 일을 할 때도 있습니다.

본문 해석

기본 학습

대학 시절 은사를 만나러, 일본에 가려고 생각했습니다. 연락을 드리자, 매우 기뻐해 주시고, 저를 집에 초대해 주셨습니다. 선생님 댁에 방문하려면 전철로 가지 않으면 안 됩니다. 역에 도착해서, 전철을 기다리고 있는데, '노란 선 안쪽에서 기다려 주십시오.'라는 방송이 있었고, 특급전철이 도착했습니다. 전철을 타고 역으로 향하던 도중, 차장이 와서 '오늘 승차해 주셔서 감사합니다. 표를 (확인해) 보겠습니다.'라고 말했습니다. 역에 도착하자 선생님께서 저를 맞이해 주셨고, 집에 가기 전에 카페에 데려가 주셨습니다. 커피를 2개 주문하자, 점원은 '조금 시간이 걸리므로 자리까지 가져다 드리겠습니다.'라고 말했습니다. 점원의 '메뉴를 보시겠습니까?'라거나 '블랙으로 괜찮으시겠습니까?'라거나 '150엔이 되겠습니다.'라는 말투가 마음에 걸려 선생님께 질문하자 아르바이트경어라는 것이 있다고 가르쳐 주셨습니다. 경어는 심도 있고, 너무 어렵습니다.

심화 학습

영주님의 하루

영주님의 하루를 보고 올립니다. 영주님은 8시에 아침식사를 드셨습니다. 9시에 가문(家紋)이 있는 하카마를 입으시고, 오오쿠에 가셨습니다. 10시 30분부터는 일과인 무예의 시간으로, 오늘은 활쓰기 연습을 하셨습니다. 점심식사 전에 로쥬와 면담하시고, 몇 가지 안건의 결재를 하셨습니다. 12시부터는 점심시간이셨지만, 바쁘다고 말씀하시고 드시지 않으셨습니다. 그 후, 1시부터 서쪽 다이묘의 알현이 있었습니다. 4시경에는 모든 공무를 마치셨기 때문에 승마를 즐기셨습니다. 그 후, 목욕하시는 시간이었기 때문에 목욕을 끝내셨습니다. 저녁식사는 혼자 드셨고, 저녁식사 후에는 시동을 불러 장기를 즐기셨습니다. 7시에 다시 오오쿠에 가셨습니다만, 오늘은 오오쿠에 머무르지 않고, 나카오쿠로 되돌아오셨습니다. 피곤하셨는지 9시에는 주무셨습니다.

기본 학습

○○○○님

근계

첫눈 소식이 들리는 계절이 되었습니다. 어떻게 지내십니까? 지난번에 상당한 것을 주셔서, 감사했습니다.

이번에 저는 고향인 도쿄로 전근하게 되어, 정든 동네에서 살게 되었습니다. 오랜만의 고향에서의 생활은 그리우면서도 어딘가 신선해서 매일 즐겁게 보내고 있습니다. 아이들도 새로운 학교에도 적응해 매일 건강하게 학교에 다니고 있습니다. 한번 놀러 오세요.

오랜만의 인사와 (감사의) 예를 편지로 (보내) 죄송합니다. 앞으로 추위도 한층 더 심해집니다만, 컨디션이 나빠지지 않도록 부디 몸조심해 주세요.

경구

레이와○○년 ○○월 ○○일

○○○○

심화 학습

○○○○선배

근계

벌써 올해도 마무리 시기가 되었습니다.

새로운 생활에 가슴을 부풀리며 입학식에 임했던 날이 어제 일처럼 느껴집니다. 아무것도 모르는 저에게 하나부터 열까지 자상하게 가르쳐 주셔서 감사했습니다. 선배에 대한 감사의 마음을 말로는 다 전할 수 없어서 편지를 써 보았습니다. 항상 후배들을 챙겨 주고, 상냥하게 대해 주셔

서, 감사합니다. 연구에서도 누구보다 진지하게 노력하는
모습은 정말 멋있고, 매우 존경하고 있습니다. 선배는 언
제까지나 저의 목표입니다. 또 폐를 끼칠지도 모르지만,
더욱 연구 성과를 올릴 수 있도록 노력하겠습니다.
내년에도 지도해 주시길 잘 부탁드립니다.
감사를 담아

                                경구

레이와○○년 ○○월 ○○일

                      ○○○○

연습문제 정답

01 과

1. 1 ぜんこく　　2 きせつ
   3 はなび　　　4 げじゅん
   5 いっしょ　　6 きぼ
   7 かくち　　　8 かわぞい
   9 べんとう　　10 ふりそそぐ

2. 1 Ⓒ　　2 Ⓕ　　3 Ⓗ　　4 Ⓔ　　5 Ⓐ
   6 Ⓓ　　7 Ⓑ　　8 Ⓘ　　9 Ⓙ　　10 Ⓖ

3. 1 より　　　　　2 によって
   3 に　　　　　　4 から/まで
   5 が

4. 1 飲むところです/飲んでいるところです/
     飲んだところです
   2 読むところです/読んでいるところです/
     読んだところです
   3 作るところです/作っているところです/
     作ったところです
   4 売るところです/売っているところです/
     売ったところです
   5 見るところです/見ているところです/
     見たところです
   6 書くところです/書いているところです/
     書いたところです
   7 遊ぶところです/遊んでいるところです/
     遊んだところです
   8 泳ぐところです/泳いでいるところです/
     泳いだところです
   9 走るところです/走っているところです/
     走ったところです
   10 食べるところです/食べているところです/
     食べたところです

5. 1 歌わない/歌います/歌って/歌う時/
     歌おうと思う
   2 行かない/行きます/行って/行く時/
     行こうと思う
   3 立たない/立ちます/立って/立つ時/
     立とうと思う
   4 売らない/売ります/売って/売る時/
     売ろうと思う
   5 しない/します/して/する時/
     しようと思う
   6 買わない/買います/買って/買う時/
     買おうと思う
   7 呼ばない/呼びます/呼んで/呼ぶ時/
     呼ぼうと思う
   8 休まない/休みます/休んで/休む時/
     休もうと思う
   9 見ない/見ます/見て/見る時/
     見ようと思う
   10 飲まない/飲みます/飲んで/飲む時/
     飲もうと思う
   11 会わない/会います/会って/会う時/
     会おうと思う
   12 話さない/話します/話して/話す時/
     話そうと思う
   13 乗らない/乗ります/乗って/乗る時/
     乗ろうと思う
   14 来ない/来ます/来て/来る時/
     来ようと思う
   15 作らない/作ります/作って/作る時/
     作ろうと思う
   16 言わない/言います/言って/言う時/
     言おうと思う

⑰泳がない/泳ぎます/泳いで/泳ぐ時/泳ごうと思う

⑱読まない/読みます/読んで/読む時/読もうと思う

⑲走らない/走ります/走って/走る時/走ろうと思う

⑳食べない/食べます/食べて/食べる時/食べようと思う

6. ①比べ物にならないぐらい迫力があります。

②私達はついさっきここに着いたところです。

③来年は花火大会めぐりをしようと思います。

④空から降り注ぐ光のシャワーは、とても感動的です。

⑤屋台のおじさんがやきそばを作るところです。

02 과

1. ①にわとり ②ないめん
③たよう ④こぜに
⑤わらいごえ ⑥しょうちょうてき
⑦たとえば ⑧さわがしい
⑨ことなる ⑩いいあらわす

2. ①Ⓑ ②Ⓐ ③Ⓕ ④Ⓔ ⑤Ⓖ
⑥Ⓒ ⑦Ⓓ ⑧Ⓘ ⑨Ⓗ ⑩Ⓙ

3. ①Ⓐ ②Ⓒ ③Ⓓ ④Ⓔ ⑤Ⓑ

4. ①Ⓓ ②Ⓔ ③Ⓒ ④Ⓗ ⑤Ⓖ
⑥Ⓑ ⑦Ⓘ ⑧Ⓙ ⑨Ⓕ ⑩Ⓐ

5. ①音に関する表現がたくさんあります。

②実際に音が聞こえるわけではありません。

③心の状態や状況によって使い分けます。

④口に入る物などによって表現方法が異なります。

⑤音が出ないものを象徴的に表す表現もあります。

03 과

1. ①かえる ②なかま
③むくち ④くちかず
⑤かんようく ⑥しりあい
⑦すばやく ⑧ひっぱる
⑨もれる ⑩みちびきだす

2. ①Ⓙ ②Ⓒ ③Ⓘ ④Ⓖ ⑤Ⓕ
⑥Ⓔ ⑦Ⓑ ⑧Ⓗ ⑨Ⓓ ⑩Ⓐ

3. ①重い ②広い
③堅い ④引っ張る
⑤軽い

4. ①Ⓒ ②Ⓐ ③Ⓑ ④Ⓔ ⑤Ⓓ

5. ①来たうえで/来てしまう/来るべきだ

②行ったうえで/行ってしまう/行くべきだ

③見たうえで/見てしまう/見るべきだ

④守ったうえで/守ってしまう/守るべきだ

⑤したうえで/してしまう/するべきだ・すべきだ

⑥買ったうえで/買ってしまう/買うべきだ

⑦呼んだうえで/呼んでしまう/呼ぶべきだ

⑧休んだうえで/休んでしまう/
休むべきだ

⑨書いたうえで/書いてしまう/
書くべきだ

⑩飲んだうえで/飲んでしまう/
飲むべきだ

6. ① いくら安くても買わない

② いくら寒くても暖房をつけない

③ いくら静かでも集中できない

④ いくら待っても来ない

⑤ いくら早く走っても間に合わない

⑥ いくら考えても結論が出ない

⑦ いくら読んでも意味が分からない

⑧ いくら給料が上がっても足りない

⑨ いくら寝ても疲れが取れない

⑩ いくら勉強しても成績が上がらない

7. ① ことわざとは長い時間をかけてできた
言葉です。

② 「秘密は漏れやすいものである」という
例えです。

③ 意味を良く理解したうえで、注意して
使うべきです。

④ どんなにすぐれた人でも、時には失敗
することがあります。

⑤ 頭の回転が速く、素早く正確に答えを
導き出せます。

04 과

1. ① じんじゃ　② しょみん

③ ふしめ　④ へいあん

⑤ こんなん　⑥ しゅっさん

⑦ しんこう　⑧ とおえん

⑨ やどる　⑩ なじむ

2. ①Ⓑ　②Ⓐ　③Ⓗ　④Ⓕ　⑤Ⓓ

⑥Ⓒ　⑦Ⓔ　⑧Ⓙ　⑨Ⓖ　⑩Ⓘ

3. ①込めて　②べき

③といった　④ように

⑤ながらも

4. ①Ⓒ　②Ⓓ　③Ⓐ　④Ⓔ　⑤Ⓑ

5. ①送ってくる/送ってきた/
送っていく/送っていった

②走ってくる/走ってきた/
走っていく/走っていった

③着てくる/着てきた/
着ていく/着ていった

④食べてくる/食べてきた/
食べていく/食べていった

⑤歩いてくる/歩いてきた/
歩いていく/歩いていった

⑥寒くなってくる/寒くなってきた/
寒くなっていく/寒くなっていった

⑦本を読んでくる/本を読んできた/
本を読んでいく/本を読んでいった

⑧パンを買ってくる/パンを買ってきた/
パンを買っていく/パンを買っていった

⑨かさを持ってくる/かさを持ってきた/
かさを持っていく/かさを持っていった

⑩コンビニによってくる/
コンビニによってきた/
コンビニによっていく/
コンビニによっていった

6. ①神社に行くかどうか聞いてみる

② 手水舎があるかどうか行ってみる

③ 使えるかどうか確かめてみる

④ 間違いがあるかどうか確認してみる

⑤ 動くかどうかお金を入れてみる

7. ① 昔から神社は庶民の生活に馴染んできました。

② ワラにもすがる思いで神社に行く人もいます。

③ 神社の入り口には鳥居という赤い門があります。

④ 一年の豊作のため、米やお餅をお供えして行く人もいます。

⑤ 一年を運気良く過ごせるかどうか確認するため、おみくじを引いてみたりします。

05 과

1. ① いくせい　② はさき

③ みっせつ　④ わし

⑤ しょくにん　⑥ ちょうせん

⑦ こうげいひん　⑧ さいせんたん

⑨ やぶれる　⑩ うけつぐ

2. ①Ⓖ　②Ⓕ　③Ⓙ　④Ⓘ　⑤Ⓐ

⑥Ⓓ　⑦Ⓔ　⑧Ⓑ　⑨Ⓒ　⑩Ⓗ

3. ① といった　② こと

③ かも　④ つつ

⑤ ため

4. ① おいしいようだ/おいしそうだ

② 元気なようだ/元気そうだ

③ おもしろいようだ/おもしろそうだ

④ 切れるようだ/切れそうだ

⑤ 熱があるようだ/熱がありそうだ

⑥ 雨が降るようだ/雨が降りそうだ

⑦ 疲れているようだ/疲れていそうだ

⑧ 天気がよいようだ/天気がよさそうだ

⑨ 成績がよくないようだ/
成績がよくなさそうだ

⑩ ボタンが取れるようだ/
ボタンが取れそうだ

5. ① 布みたいに洗濯もできるようです。

② 軽くて丈夫で長持ちするからです。

③ 伝統技術を受け継ぐというのは簡単ではないはずです。

④ 刀に限らず伝統技術を受け継ぐ後継者の育成が、なかなか難しいようです。

⑤ 匠達は先代の技を受け継ぐために、血の滲む努力をしたに違いありません。

06 과

1. ① ねんれい　② てつどう

③ こうれいしゃ　④ せっち

⑤ えきべんとう　⑥ とりてつ

⑦ はばひろい　⑧ くわしい

⑨ ねっちゅうする　⑩ とけこむ

2. ①Ⓘ　②Ⓗ　③Ⓒ　④Ⓕ　⑤Ⓑ

⑥Ⓙ　⑦Ⓖ　⑧Ⓐ　⑨Ⓓ　⑩Ⓔ

3. ① でも　② だけでは

③ あまり　④ と

⑤ だの/だの

4. ①Ⓓ　②Ⓒ　③Ⓑ　④Ⓐ

5. ① 行くようになる/行くことになる

② 見るようになる/見ることになる

③ 話すようになる/話すことになる

④ 起きるようになる/起きることになる

⑤ 食べるようになる/食べることになる

6. ① 自分の趣味の世界にはまっています。

② 年齢は子供から高齢者まで幅広いです。

③ 一見見ただけではオタクとわからない

ぐらいです。

④ 大衆文化の一つだと肯定的に考える人

もいます。

⑤ その後「お宅」を「あなた」という意味合

いで使うようになりました。

07 과

1. ① わかば　　　② ひょうてんか

③ もうしょび　④ しゅうかくき

⑤ のうさくぶつ　⑥ こえる

⑦ いすわる　　⑧ さだめる

⑨ つもる　　　⑩ めばえる

2. ①Ⓑ　　②Ⓒ　　③Ⓐ　　④Ⓖ　　⑤Ⓕ

⑥Ⓔ　　⑦Ⓓ　　⑧Ⓘ　　⑨Ⓗ　　⑩Ⓙ

3. ① によって　　② が

③ にかけては　④ でも

⑤ をはじめとして

4. ① 春になると桜が咲く。

② 夏になると蚊が多くなる。

③ 秋になると紅葉の色が変わる。

④ 冬になると雪が降る。

5. ① 安ければ買う。

② 論文を出せば卒業できる。

③ コーヒーでも飲めば目がさめる。

④ 真夏になれば猛暑日が多くなる。

6. ① 勉強が終わったら飲みに行く。

② 冬休みに入ったら日本へ行く予定です。

③ 天気がよかったらピクニックに行こう

と思う。

④ ご飯を食べたら映画を見に行きませんか。

7. ① 君が行くなら私も行く。

② 暑いならクーラーをつけてもいい。

③ 早く治りたいなら病院に行くべきだ。

④ 魚を買うなら築地市場と決めている。

8. ① 夏になると、湿度と気温が高くなりま

す。

② 梅雨前線が居座り、雨の日が多くなり

ます。

③ 日本列島は南北に縦長の地形となって

います。

④ 春になると、若葉が芽生え、あちらこ

ちらで花が咲きはじめます。

⑤ 沖縄では冬でも１５度以上の日が多い

そうです。

08 과

1. ① となり　　　② にゅうがく

③ ひっこし　　④ おくりもの

⑤ おみまい　　⑥ したしい

⑦ つめあわせ　⑧ うちいわい

⑨ くばる　　　⑩ なやむ

2. ①Ⓕ　　②Ⓗ　　③Ⓔ　　④Ⓑ　　⑤Ⓒ

⑥Ⓘ　　⑦Ⓙ　　⑧Ⓖ　　⑨Ⓐ　　⑩Ⓓ

3. ① なり　　　　② とか

③ から　　　　④ に

⑤ 末

4. ①隣の人にお菓子をあげました。
　②友達にお見舞いをあげました。
　③知り合いにお中元をあげました。
　④親しい人に記念品をあげました。
　⑤知り合いに就職祝いをあげました。

5. ①隣の人が洗剤をくれました。
　②両親が入学祝いをくれました。
　③知り合いがお歳暮をくれました。
　④親しい人がおみやげをくれました。
　⑤知り合いが卒業祝いをくれました。

6. ①隣の人に/から引っ越しそばをもらいました。
　②親しい人に/からプレゼントをもらいました。
　③知り合いに/から出産の内祝いをもらいました。
　④知り合いに/からお礼の品物をもらいました。
　⑤祖父母に/から七五三のお祝いをもらいました。

7. ①お返しを渡すタイミングも大事です。
　②感謝の気持ちを伝えることは大切です。
　③隣に引っ越してきた人から引っ越しそばをいただきました。
　④だからといって、いただいたものすべてにお返しをする必要はありません。
　⑤内祝いとは本来自分の家のお祝い事の記念に、親しい人に贈り物をすることです。

1. ①ひとめ　　②せいど
　③ろうじん　④いちにちじゅう
　⑤うやまう　⑥つくす
　⑦くらす　　⑧たずねる
　⑨はなれる　⑩ふまれる

2. ①ⓒ　②Ⓐ　③Ⓖ　④Ⓑ　⑤Ⓔ
　⑥Ⓕ　⑦Ⓘ　⑧Ⓗ　⑨Ⓙ　⑩Ⓓ

3. ①通り　　②きっと
　③きっかけ　④という
　⑤せいか

4. ①起こされる　②見られる
　③聞かれる　　④読まれる
　⑤決められる　⑥泣かれる
　⑦話しかけられる　⑧喜ばれる
　⑨踏まれる　　⑩降られる
　⑪待たされる　⑫感じられる
　⑬敬われる　　⑭思われる
　⑮離れられる　⑯帰られる
　⑰開かれる　　⑱出される
　⑲来られる　　⑳される

5. ①弟が母にしかられました。
　②(私の)足が隣の人に踏まれました。
　③(仕事が忙しい時)同僚に休まれました。
　④甥と姪に話しかけられました。
　⑤朝早く甥と姪に起こされました。

6. ①一日の疲れが一気に取れた気がしました。
　②遊園地の全てのアトラクションが一目で見られました。
　③年齢的にもいつまで、一緒にいられるかわかりません。

④ 普段あまり伝えられない感謝の気持ち
を伝えましょう。

⑤ 待っている間、前の人に足を踏まれた
りもしました。

10 과

1. ① しゅっきん ② じんかく

③ ちょうしょく ④ ひがわり

⑤ そとまわり ⑥ うちあわせ

⑦ のこる ⑧ すます

⑨ ほめる ⑩ まかせる

2. ①Ⓘ ②Ⓗ ③Ⓓ ④Ⓔ ⑤Ⓙ

⑥Ⓐ ⑦Ⓒ ⑧Ⓑ ⑨Ⓕ ⑩Ⓖ

3. ① で ② なるべく

③ 無理やり ④ では

⑤ に

4. ① 飲ませる ② 待たせる

③ 聞かせる ④ 読ませる

⑤ 終わらせる ⑥ 泣かせる

⑦ 笑わせる ⑧ 歩かせる

⑨ 踏ませる ⑩ 起こらせる

⑪ 行かせる ⑫ 投げさせる

⑬ 言わせる ⑭ 食べさせる

⑮ いさせる ⑯ 帰らせる

⑰ 合わせる ⑱ 出させる

⑲ 来させる ⑳ させる

5. ① 社員を笑わせた。

② 花子に掃除をさせた。

③ 先生を困らせた。

④ 花子を学校に行かせた。

⑤ 花子を学校に来させた。

⑥ 部下にお酒を飲ませた。

⑦ 部下に書類を検討させた。

⑧ 部下に会議録を作成させた。

6. ① グチを聞かせられた。

② お酒をやめさせられた。

③ 残業させられた。

④ お酒を飲ませられた。

7. ① 残業の後、同僚に無理やり居酒屋に連
れて行かれました。

② 朝の会議を終え、部下に会議録を作成
させます。

③ 部下の調子が悪い時には、家族のよう
に心配してくれます。

④ 食堂では日替わりの定食が用意されて
います。

⑤ 山田部長は人格がよくて、みんなに尊
敬されています。

11 과

1. ① えっけん ② けいご

③ おおおく ④ なかおく

⑤ こしょう ⑥ ぶげい

⑦ にゅうよく ⑧ じょうば

⑨ けっさい ⑩ もどる

2. ①Ⓗ ②Ⓕ ③Ⓖ ④Ⓘ ⑤Ⓔ

⑥Ⓙ ⑦Ⓒ ⑧Ⓑ ⑨Ⓐ ⑩Ⓓ

3. ① お帰りになる ② お読みになる

③ ご覧になる ④ お召しになる

⑤ お作りになる

4. ① お持ちする ② お作りする

③ お送りする ④ お書きする

⑤お話しする

5. ①いたす/なさる

②おる/いらっしゃる

③申し上げる/おっしゃる

④いただく/召し上がる

⑤お目にかかる/ (X)

6. ①椅子にお座りになる。

②校長先生がお呼びになる。

③今日はスーツをお召しになる。

④教科書を声に出してお読みになる。

⑤朝ごはんに焼き魚を召し上がる。

⑥カバンをお持ちする。

⑦左手で字をお書きする。

⑧毎朝料理をお作りする。

⑨朝起きて学校に参る。

⑩誕生日のプレゼントを差し上げる。

7. ①紋付き袴をお召しになり、大奥に向かわれました。

②老中と面談され、いくつかの案件の決裁をされました。

③車掌さんが来て、「切符を拝見させていただきます。」と言いました。

④「黄色い線の内側でお待ちください。」というアナウンスがありました。

⑤先生に質問すると、バイト敬語というものがあると教えてくださいました。

12 과

1. ①はいけい　②けいぐ

③ていねい　④のぞむ

⑤くずす　⑥なれる

⑦かよう　⑧がんばる

⑨ふくらむ　⑩すみなれる

2. ①Ⓑ　②Ⓐ　③Ⓔ　④Ⓙ　⑤Ⓒ

⑥Ⓖ　⑦Ⓘ　⑧Ⓓ　⑨Ⓕ　⑩Ⓗ

3. ①に　②ように

③にて　④ほど

⑤では

4. ①住み慣れた町で暮らせるようになりました。

②入学式に臨んだ日のことが、昨日のことのように感じられます。

③口頭では伝えきれないので、手紙を書いてみました。

④体調を崩されませんように、くれぐれもご自愛くださいませ。

⑤もっと研究成果をあげられるように頑張ります。

STEP2 주요 표현

표현	의미	예문	P
～ところ	(지금부터) ~하려는/던 참	おじさんがやきそばを作るところです。	16
～ているところ	(지금) ~하고 있는 중	お弁当を広げて食べているところです。	16
～たところ	이제 막 ~(함)	私達はついさっきここに着いたところです。	16
～ていく	~해 가다	神社はこれからも人々と共存していくと思います。	55
～ておく	~해 두다, ~해 놓다	縄におみくじを結んでおきます。	54
～てくる	~해 오다	昔から神社は庶民の生活に馴染んできました。	54
～てしまう	~해 버리다	言ってはいけないことを言ってしまった。	40
～てみる	~해 보다	おみくじを引いてみたりします。	54

표현	의미	예문	P
～そうだ (양태)	~인(한) 것 같다, ~인(한) 듯하다	触れるだけで切れそうです。	68
～そうだ (전문)	~(라)고 한다	駅弁当が好きな「駅弁鉄」もいるそうです。	78
～べきだ	~해야 한다	約束はきちんと果たすべきだ。	41
～みたいだ	~인(한) 것 같다	海外からプロの料理人が来日することも多いみたいです。	68
～ようだ	~인(한) 것 같다, ~인(한) 듯하다	日本刀は、海外でも人気が高いようです。	67
～らしい	~인(한) 듯하다, ~인(한) 것 같다	オタクは大衆文化の一つだと肯定的に考える人もいるらしいです。	78
～(ら)れる	~어(아)지다 ~(함을) 당하다	弟が母にしかられました。 甥と姪に話しかけられました。	121 122
～(さ)せる	~(하)게 하다	部長が社員を笑わせる。 部長が部下に会議録を作成させる。	135

표현	의미	예문	P
～(さ)せられる	마지못해(어쩔 수 없이) ～하다	無理やり居酒屋に連れて行かれ、お酒を飲ませられることもあります。	136
～ように	～(하)게, ～(하)도록	凶を吉に変わるようにお願いします。	55
～ようになる	～(하)게 되다	お互いを「おたくは～」と呼びはじめ、それから現在の意味を持つようになりました。	79
～ようにする	～(하)도록 하다	お祝いをくださった方の気持に応えるようにするといいと思います。	106
～ことになる	～(하)게 되다	徹夜することになりました。	79
～ことにする	～(하)기로 하다	クッキーの詰め合わせを渡すことにしました。	106
～と	～면 (가정조건)	夏になると、湿度と気温が高くなります。	90
～ば	～면 (가정조건)	ちりも積もれば山となる。	91
～たら	～면 (가정조건)	冬休みに入ったら日本へ遊びに行く予定です。	92
～なら	～면 (가정조건)	夏に旅行するなら北海道も行ってみたいと思います。	93
～あまり	～한 나머지	写真を撮る事に熱中するあまり、他の乗客に迷惑をかけてしまいました。	76
～通り	～대로	約束していた通り甥と姪が訪ねてきました。	120
思ったより	생각보다	花火の音は思ったより大きいです。	14
欠かせない	빼놓을 수 없다	夏祭りに欠かせないのは花火です。	14
比べものにならない	비교가 안 되다	比べものにならないぐらい迫力があります。	14

표현	의미	예문	P
くれる・くださる	(타인이 나에게) 주다・주시다	<ruby>弟<rt>おとうと</rt></ruby>が<ruby>私<rt>わたし</rt></ruby>にボールをくれました。 <ruby>お隣<rt>となり</rt></ruby>さんが<ruby>私<rt>わたし</rt></ruby>にそばをくださいました。	107
もらう・いただく	(내가 타인에게서) 받다	<ruby>私<rt>わたし</rt></ruby>は<ruby>友達<rt>ともだち</rt></ruby>から<ruby>洗剤<rt>せんざい</rt></ruby>をもらいました。 <ruby>私<rt>わたし</rt></ruby>は<ruby>お隣<rt>となり</rt></ruby>さんからそばをいただきました。	107
やる・あげる・ さしあげる	(내가 타인에게) 주다・드리다	<ruby>私<rt>わたし</rt></ruby>は<ruby>友達<rt>ともだち</rt></ruby>に<ruby>洗剤<rt>せんざい</rt></ruby>をあげました。 <ruby>お客<rt>きゃく</rt></ruby>さんに<ruby>記念品<rt>きねんひん</rt></ruby>をさしあげました。	107
～ず(に)	～(하)지 않고	<ruby>朝食<rt>ちょうしょく</rt></ruby>を<ruby>食<rt>た</rt></ruby>べずに<ruby>家<rt>いえ</rt></ruby>を<ruby>出<rt>で</rt></ruby>ることもあります。	134
～きれない	다 ～할 수 없다	<ruby>高<rt>たか</rt></ruby>くて<ruby>手<rt>て</rt></ruby>が<ruby>出<rt>で</rt></ruby>ないけど、あきらめきれない。	164
～すぎる	지나치게 ～하다	<ruby>仕事<rt>しごと</rt></ruby>が<ruby>多<rt>おお</rt></ruby>すぎる<ruby>時<rt>とき</rt></ruby>は、<ruby>残業<rt>ざんぎょう</rt></ruby>することもあります。	134
～つつ	～면서	この<ruby>先<rt>さき</rt></ruby>も<ruby>伝統<rt>でんとう</rt></ruby>を<ruby>守<rt>まも</rt></ruby>りつつ<ruby>新<rt>あたら</rt></ruby>しいことに<ruby>挑戦<rt>ちょうせん</rt></ruby>します。	67
～なりに	나름대로	<ruby>私<rt>わたし</rt></ruby>なりに<ruby>お返<rt>かえ</rt></ruby>しを<ruby>悩<rt>なや</rt></ruby>みました。	102
～まま	～채, 대로	<ruby>座<rt>すわ</rt></ruby>ったままで<ruby>仕事<rt>しごと</rt></ruby>をすると<ruby>肩<rt>かた</rt></ruby>がこります。	134
～やすい	～하기 쉽다	<ruby>秘密<rt>ひみつ</rt></ruby>は<ruby>漏<rt>も</rt></ruby>れやすいものである。	36
～かどうか	～인지 어떨지/아닌지	<ruby>願<rt>ねが</rt></ruby>いが<ruby>叶<rt>かな</rt></ruby>うかどうかわからない。	55
～かもしれない	～일지도 모른다	「<ruby>怖<rt>こわ</rt></ruby>い」「<ruby>危<rt>あぶ</rt></ruby>ない」と<ruby>考<rt>かんが</rt></ruby>える<ruby>人<rt>ひと</rt></ruby>もいるかもしれません。	66
～からといって	～(라)고 해서/하더라도	いただいたからといって、すぐに<ruby>返<rt>かえ</rt></ruby>すのは<ruby>失礼<rt>しつれい</rt></ruby>だと<ruby>聞<rt>き</rt></ruby>きました。	106
～だの～だの	～등 ～등, ～(라)든가 ～(라)든가	オタクは<ruby>以前<rt>いぜん</rt></ruby>は<ruby>暗<rt>くら</rt></ruby>いだの<ruby>地味<rt>じみ</rt></ruby>だのといった<ruby>否定的<rt>ひていてき</rt></ruby>なイメージがありました。	79

표현	의미	예문	P
〜とか	〜(라)든가/든지	「特定の分野に詳しい」とか、「一つに熱中している」という点を、肯定的に考える人もいます。	79
〜といった	〜(라)고 하는, 〜와 같은	お宮参りや七五三、成人式といった、成長の節目にも神社にお参りに行きます。	55
〜に応じて	〜에 응해, 〜에 따라	必要に応じてアドバイスもしてくれます。	132
〜に限らず	〜뿐 아니라	刀に限らず伝統技術を受け継ぐ後継者の育成が難しいようです。	62
〜にかけて	〜에 걸쳐	沖縄から北海道にかけて、桜戦線にのって桜が咲き始めます。	12
〜に関する	〜에 관한	日本語には音に関する表現がたくさんあります。	28
〜に違いない	〜임에 틀림없다	匠達は先代の技を受け継ぐために、血の滲む努力をしたに違いありません。	66
〜に比べる	〜와/과 비교하다	それに比べると、北海道は湿度も気温も低いので、夏でも過ごしやすいです。	93
〜によって	〜에 의해, 〜에 따라	祭りの規模などによって違いはあります。	14
〜のほか	〜외에	物の音を表す表現のほか、物の様子を表す表現もあります。	28
〜ばかりでなく	〜뿐만 아니라	そればかりでなく、電車に関連した音が好きで音を録音する「音鉄」もいます。	76
〜をはじめとして	〜을/를 시작으로 해서	お米をはじめとして、さつまいもや梨や柿など、農作物の収穫期です。	86

표현	의미	예문	P
~をきっかけに	~을/를 계기로	敬老の日をきっかけに、祖父母孝行をしてみたらいかがでしょう。	120
~げ	~한 듯, ~스러운 모양	悲しげ	67
~さ	~ㅁ, ~기	軽さ・美しさ	67
~み	~정도	甘み	67
~はず	~할 리, 당연히 ~할 것	科学技術の進歩と伝統技術が一つになり、和紙はこれからも進化していくはずです。	66
~はずがない	~할 리가 없다	伝統を受け継ぐことは簡単なはずがない。	66
~ものだ	~하는 법이다 ~하기 마련이다	秘密は漏れやすいものである。	40
~わけではない	~한 것은 아니다	寿司が嫌いなわけではないんです。	28
いくら(どんなに)~ても	아무리 ~(어)아도	「腹をくくる」はたとえどんな結果になっても受け入れる覚悟を決めるという意味です。	40
~たあげく	~한 끝에	お返しに何をあげたらいいか迷ったあげく、友達に聞いてみました。	106
~た末(に)	~한 끝(에)	私なりにお返しを悩んだ末、クッキーの詰め合わせを渡すことにしました。	102
~たうえで	~한 후에, ~한 뒤에, ~한 다음에	意味を良く理解したうえで、注意して使うべきです。	41
~た方がいい	~하는 편이 좋다	行ってみたい季節を考えてから計画を立てた方がいいでしょう。	93

외국어 출판 40년의 신뢰
외국어 전문 출판 그룹
동양북스가 만드는 책은 다릅니다.

40년의 쉼 없는 노력과 도전으로 책 만들기에 최선을 다해온 동양북스는
오늘도 미래의 가치에 투자하고 있습니다.
대한민국의 내일을 생각하는 도전 정신과 믿음으로 최선을 다하겠습니다.

📖 동양북스

📖 동양북스 추천 교재

일본어 교재의 최강자, 동양북스 추천 교재

회화 코스북

일본어뱅크 다이스키
STEP 1·2·3·4·5·6·7·8

일본어뱅크
좋아요 일본어 1·2·3

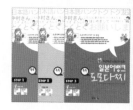

일본어뱅크 도모다찌
STEP 1·2·3

분야서

일본어뱅크
NEW 스타일 일본어 문법

일본어뱅크
일본어 작문 초급

일본어뱅크
사진과 함께하는
일본 문화

일본어뱅크
항공 서비스 일본어

가장 쉬운 독학
일본어 현지회화

수험서

일취월장 JPT
독해·청해

일취월장 JPT
실전 모의고사 500·700

일단 합격하고 오겠습니다
JLPT 일본어능력시험
N1·N2·N3·N4·N5

일단 합격하고 오겠습니다
JLPT 일본어능력시험
실전모의고사 N1·N2·N3·N4/5

단어·한자

특허받은
일본어 한자 암기박사

일본어 상용한자 2136
이거 하나면 끝!

일본어뱅크
New 스타일 일본어 한자 1·2

가장 쉬운 독학
일본어 단어장

일단 합격하고 오겠습니다
JLPT 일본어능력시험
단어장 N1·N2·N3